Rainer Bauck • Richtig tanzen

RAINER BAUCK

RICHTIG TANZEN

STORIES

maringo

Gefördert durch ein Arbeitsstipendium des Förderkreises deutscher Schriftsteller in Baden-Württemberg e.V.

Originalausgabe

Cover unter Verwendung
der *Brush up*-Schriftenfamilie
von Ricardo Marcin und Erica Jung

Druck: point, Brno
www.pointcz.cz/de

ISBN 978-3-9817651-4-4

www.maringoverlag.de

INHALT

Ruth duzen, Gesine siezen

Jetzt hocken wir schon ganz schön lange da und schweigen uns an, Gregor und ich. Auf dem stumm geschalteten Fernseher über dem Schnapsregal zeigt n-tv 21.28 Uhr an. Als ich zu Gregor gesagt habe: »Scheiß Winterpause« und er »Stimmt« geantwortet hat, fing gerade eine Kreuzfahrt-Doku an, da war es 21.06 Uhr. 21.28 Uhr minus 21.06 Uhr macht zweiundzwanzig Minuten Schweigen. Zweiundzwanzig Minuten Schweigen zwischen Gregor und mir, das gab es noch nie. Zweiundzwanzig Minuten, in denen Gregor bloß im Minutentakt in die Riesenschüssel Erdnussflips gelangt hat, die normalerweise keiner von uns beiden anrührt.

Um 21.18 Uhr hätte beinahe doch einer von uns beiden was gesagt. Da hat sich nämlich Teddy auf der anderen Seite des Tresens aufgebaut und mir den Blick auf die Bikini-Moderatorin der Kreuzfahrt-Doku versperrt. Teddy hat uns lange angeschaut, Gregor und mich, dann hat er gefragt:

»Na, ihr zwei, immer noch kein Bier?«

Als Wirt ist es sein gutes Recht, eine solche Frage zu stellen. Soundmäßig kam sie gar nicht mal schleimig-gastronomisch daher, sondern eher ernsthaft-

fürsorglich. Wobei die Süffisanz der Fürsorglichkeit dicht auf den Fersen war.
Was aber antworten? Wir haben uns angeguckt, Gregor und ich, lange angeguckt, und haben im Gesicht des Anderen nach einem Zeichen der Schwäche gesucht. Der Nachgiebigkeit. Weil sich aber keiner von uns beiden eine Blöße geben wollte, haben wir beide nur stumm den Kopf geschüttelt, jeder seinen.
Zu schade auch. Aber klein beigeben wäre eindeutig Gregors Sache gewesen, schließlich war das seine Idee, dieser Abend mit ohne Bier.
Als Teddy sich wieder ans Zitronenzerkleinern machte, da war auf n-tv die Bikini-Moderatorin verschwunden und stattdessen eine Horde Rentner in fliederfarbenen Jogginganzügen zu sehen. Faltige Alte, bombig in Form. Bei 35 Liegestütz habe ich zu zählen aufgehört. Am unteren Bildschirmrand laufen ununterbrochen die Endstände der Frankfurter Börse durch. In New York wird noch gehandelt.
Auf Fußball24 läuft ziemlich sicher ein Testspiel, schließlich fängt übernächste Woche die Rückrunde an. Fussball24 ist ein großartiger Sender, die machen aus Scheiße Fußball. Wenn irgendwo Flutlicht angeht und es heißt elf gegen elf auf zwei Tore, dann schickt Fussball24 achtzehn Kameras und drei Reporter hin und geht direkt auf Sendung. Meines Wissens zeigen die gerade Sandhausen gegen Zentrifuge Zabrze, aber »umschalten is' heute nich« hat Teddy schon zur Begrüßung gesagt. Die Fernbedienung für die Glotze überm Schnapsregal ist verschwunden.

Heute ist wirklich alles anders. Und so starre ich in mein Ginger Ale. Gregor hypnotisiert seine Apfelsaftschorle. Ja, es stimmt, mein bester Freund Gregor trinkt Apfelsaftschorle. Zur Erfrischung, sagt er. Mich irritiert das. Erdnussflips in sich reinschaufeln, okay, aber Apfelsaftschorle trinken? Weiß er eigentlich nicht, dass er damit massiv an seinem Status als bester Freund rüttelt? Hab ich jemals einen Hehl daraus gemacht, dass ich Schorletrinker aus tiefstem Herzen verachte? Fast noch mehr als Milchkaffee-aus-Schalen-Trinker-Schrägstrich-Innen?

Mich beschäftigt schon ewig die Frage, was das wohl für laue Existenzen sein mögen, die ein ohnehin schon labbriges, charakterschwaches Getränk wie Apfelsaft auch noch verdünnen müssen. Und gerade, als ich darüber nachgrüble, ob ich meinen neuerdings beschorlten besten Freund das jetzt nicht konsequenterweise fragen müsste, da sagt Gregor plötzlich was. Er räuspert sich den Sprechapparat frei, dann fragt er mich: »Sag mal, duzt ihr euch eigentlich noch, Ruth und du?«

Was fragt er da? Die Verblüffung weist mir den direkten Weg zur prägnantesten Nachfrageform, die die deutsche Sprache zu bieten hat:

»Hä?«

»Naja, ob ihr immer noch Du zueinander sagt, Ruth und du?«

»Du willst allen Ernstes wissen, ob ich meine eigene Frau duze?«, frage ich zurück. »Was ist denn das für eine Schorletrinker-Frage!«

Gregor schaufelt sich eine weitere Fuhre Erdnussflips in den Mund, kaut die in Ruhe zu Ende, das ist ja auch wichtig wegen der Nährstoffe, dann sagt er: »Gesine und ich, wir haben beschlossen, uns wieder zu siezen.«

Ich verschlucke mich an meinem Ginger Ale. Hab eh immer Probleme, weil das Zeug so am Gaumen kitzelt.

»Du siezt Gesine? Deine amtierende Gattin und Mutter all deiner beiden Kinder?«, frage ich nach überstandenem Hustenanfall. »Ist das ein Rollenspiel? Wollt ihr eure Ehe aufpeppen? Haben die Kids euer Sexspielzeug bei ebay verhökert, oder was?«

»Ach Quatsch«, antwortet Gregor. »Gesine meinte bloß, und da hat sie vollkommen Recht, das Siezen wäre der adäquate und konsequente Ausdruck der Entfremdung, die schleichend zwischen uns stattgefunden hat. Der Bewusstmachung der Distanz durch das »Sie» wohne die Chance zu deren Überwindung und zu nachhaltiger Veränderung durch respektvollen Umgang miteinander inne.«

»Ach so«, sage ich.

»Ja, Gesine sagt, wir hätten nach Luises Einschätzung das Zahnbürsten-Phänomen«, meint Gregor.

»Ach so«, sage ich gleich nochmal, obwohl ich eigentlich sagen müsste: »Das ist also auf Luises Mist gewachsen«.

Gregors Gesine hat eine Zwillingsschwester, die heißt Luise. Luise ist wie Gesine, nur mit Pfefferminzgeschmack. Also auch zartbitter wie Gesine, aber im

Gegensatz zu Gesine doch auch irgendwie süß. Sie hat so ein lustiges Kochbuch für Schwererziehbare geschrieben, das heißt »Backpfeifen leicht gemacht». Allerdings kann ich Luise manchmal nicht ganz folgen, so auch jetzt gerade, deshalb frage ich:
»Was für'n Phänomen?«
»Das Zahnbürsten-Phänomen«, wiederholt Gregor geduldig. »Amerikanische Psychologen nennen das so, meint Luise. Die sagen: Frisch entflammten Pärchen reicht eine Zahnbürste, die teilen sie sich. Wenn die ganz heiße Phase vorbei ist, dann kriegt jeder seine eigene Zahnbürste, die aber noch eine gewisse Zeit in einem gemeinsamen Zahnputzbecher steht. Spätestens wenn Kinder kommen, gibt es getrennte Zahnputzbecher, und die stehen noch etwas später, wenn der Wohlstand Einzug gehalten hat, zuerst auf getrennten Waschbecken und dann in unterschiedlichen Badezimmern auf zwei verschiedenen Stockwerken. Und wenn man dann nicht aufpasst, dann gehen die Zahnputzbecher komplett getrennte Wege und kriegen irgendwann separate Postleitzahlen. Und kurz vor diesem Punkt sind wir, sagt Gesine.«
»Sagt Gesine«, sage ich.
»Sagen amerikanische Psychologen, sagt Luise, sagt Gesine«, sagt Gregor.
»Was du nicht sagst!«, sage ich.
Mehr muss ich gottseidank nicht sagen, denn Teddy kreuzt wieder auf der anderen Seite der Theke auf.
»Jetzt vielleicht doch ein Bier?«, fragt er. Sein Tonfall wird immer therapeutischer.

Doch noch bevor ich »Blöde Frage, ich verdurste« und »Find endlich die verfickte Fernbedienung, auf Fußball24 läuft Sandhausen gegen Zentrifuge Zabrze« antworten kann, also Sekundenbruchteile vorher, sagt Gregor: »Lass mal gut sein, Teddy.«
Und dann wendet er sich mir zu und guckt mich ernst an. An seinen Schneidezähnen kleben kleine Erdnussflipsbrocken. Da wird seine vereinsamte Zahnbürste ganz schön was zu schrubben haben nachher. »Es kann doch nicht sein, dass wir uns ohne Bier nichts zu sagen haben!«, sagt Gregor zu mir.
»Von Rotwein kriege ich immer Kopfschmerzen, weißte doch«, entgegne ich.
Gregor nippt an seiner Apfelsaftschorle.
Normalerweise wären wir jetzt beim dritten Bier, und das heißt, beim Thema Politik. Beim ersten Bier besprechen wir üblicherweise die Bereiche Wetter und Vermischtes, bei Bier zwei und drei verhackstücken wir das politische Weltgeschehen, bei Bier vier und fünf, wenn die Gedanken schon sachte unscharf werden und die Zunge nicht mehr so recht fertig wird mit den kantigen Konsonanten, bei Humpen vier und fünf also geht es um Fußball, und die Biere sechs ff. drehen sich um Frauen. Wobei ich, ehrlich gesagt, eigentlich nur weiß, dass wir über Frauen reden. Was wir über Frauen reden, und ob über unsere eigenen oder fremde, das entzieht sich anschließend mit unschöner Regelmäßigkeit meinem Erinnerungsvermögen. An diese trostreiche Tradition will Gregor ernstlich Hand anlegen? Muss meine kleine

Welt jetzt auch noch aus den Fugen geraten, wo es in der großen doch schon so gewaltig knirscht?
Muss sie wohl, denn Gregor ist gerade im Alles-in-Frage-stellen-Modus, wie die Verbannung des Bieres aus der Dramaturgie des heutigen Abends eindeutig beweist. Und jetzt sagt er auch noch:
»Gesine meint übrigens, dir und Ruth täte eine Pause vom »Du» auch ganz gut.«
»Meint Luise, meint Gesine?«
»Nein, meint nur Gesine«, meint Gregor.
Dabei schaut er mich dermaßen seelsorgerisch an, dass ich mich gezwungen sehe, das Wort zum Mittwoch zu sprechen:
»Bei Ruth und mir ist alles okay. Richte Gesine aus, wir benutzen denselben Zahnputzbecher und sogar dieselbe Zahnpasta. Und der Kick ist: Wir machen das bewusst antizyklisch, also Ruth morgens aronal, abends elmex, ich morgens elmex und abends aronal. Dann können wir uns nämlich gleichzeitig friedlich nebeneinander vor ein und demselben Waschbecken die Hauer scheuern.«
»Denk trotzdem mal drüber nach», sagt Gregor beschwichtigend und greift mit der rechten Hand in die Flipsschüssel. »Ihr könnt euch ja vorläufig weiter beim Vornamen nennen.«
»Ich denke über ganz andere Dinge nach«, blaffe ich ihn an, und da ich nun schon mal in Fahrt und im Vollbesitz meiner geistigen Kräfte bin, was nicht so häufig gleichzeitig vorkommt, genau deshalb frage ich ihn: »Wie sollen wir das denn in Zukunft hand-

haben? Willst du etwa Ruth weiterhin duzen? Die eigene Frau siezen und die Frau des angeblich besten Freundes duzen, passt das zusammen? Und soll ich jetzt Gesine siezen, weil ihr zwei per Sie seid? Kein Problem! Denn weißt du was? Es ist mir noch nie leicht gefallen, deine Gesine zu duzen! Und da wir gerade dabei sind, biete ich dir jetzt offiziell das »Sie« an!»

Gregor starrt mich entgeistert an, seine Rechte nimmt bewegungslos ein Flipsvollbad.

»Wer hat dir denn ins Gehirn geschissen?«, fragt er.

»Wer hat Ihnen denn ins Gehirn geschissen!«, korrigiere ich ihn. Das sitzt. Ein echter Wirkungstreffer. Gregor reißt die Augen auf und fängt an, in den Flips herumzuwühlen. Vergröberte Übersprungshandlung angesichts rhetorischer Notfallsituation. Typisch für ihn. Wobei das schon beängstigend ist, wie er da jetzt in der Schale herumfuhrwerkt. Er schaufelt das Nussgewürm regelrecht aus der Schale auf die Theke. Jetzt hat er auf einmal auch noch so ein irres Strahlen in den Augen ... und außerdem plötzlich etwas Schlankes, Schwarzes, Längliches der Hand.

Die Fernbedienung.

Na klar, Teddy, der olle Schusselkopp, hat gestern nach Feierabend die Fernbedienung in die leere Schale gelegt und heute Mittag ohne hinzusehen eine Ladung frischer Flips drüber geschüttet.

Ein simpler Knopfdruck – und die Welt ist wieder in Ordnung. So ein Vorbereitungsspiel hat mehr Konfliktbewältigungspotential als ein Dutzend Vermittlungsausschüsse! Auch wenn gar nicht Sandhausen gegen Zentrifuge Zabrze gezeigt wird, sondern Würzburger Kickers gegen Altlast Aulendorf. Völlig wurscht, die zweite Halbzeit hat gerade angefangen, es steht noch nullnull. Leider auch noch bei den Bieren, höchste Zeit also für ein bisschen Ergebniskosmetik.

Gregor, mein bester Freund Gregor und ich geben Teddy synchron das erlösende Zeichen. Wir recken drei gespreizte Finger in die Höhe. Sieht ein bisschen nach Victory-Zeichen aus, bei dem man den Ringfinger einzuklappen vergessen hat. Es meint ja auch gar nicht Victory, sondern: Wulle.

Etliche Wulle später, als wir Wind, Wetter, Weltpolitik und Wechselgerüchte durchgeackert und uns ob der Verspätung die Begleitbiere in erhöhtem Tempo einverleibt haben, da sind unsere Zungen noch weniger als sonst in der Lage, Konsonanten als taugliche Trennwände zwischen den Vokalen einzuziehen. Deshalb täusche ich mich vermutlich auch, als ich aus einem langgezogenen U aus Gregors Mund den Satz heraushöre:

»Null Retourkutsche, Du, nur: Ruth? Luxus-Frusttusse, Zumutung pur, Duzung rundum ungut.«

Ist schon ganz gut, dass wir hinterher nur noch wissen, dass wir über Frauen gesprochen haben, aber nicht mehr, um welche es ging … und worum genau.

Ich schreibe nicht

Paula versteht mich nicht.
Sie schüttelt den Kopf, deutet mit ausgestrecktem Zeigefinger auf ihr rechtes Ohr. Eben hat sie mich gefragt, woran ich denn gerade so schreibe. Ich habe ihr brav geantwortet, aber meine Antwort ist im Lärm der Kaffeemaschine untergegangen, die just in diesem Moment einen Espresso zusammenfaucht.
Ehrlich gesagt, ich bin dem koffeinbedürftigen Typen dankbar, der den Multifunktionsröster ausgerechnet jetzt zum Brodeln gebracht hat. Schließlich gewinne ich so ein bisschen Bedenkzeit. Wie schäbig von mir, dass ich mich nicht mehr genau an seinen Namen erinnern kann. Lukas heißt er, glaube ich, vielleicht auch Markus.
War ja eigentlich klar, dass mich irgendwann im Laufe des Abends doch noch eine Frage à la Und? Was schreibst du so? erwischen würde, auf dieser Party, auf der sich fast alle Gespräche um Romanprojekte, Normseiten und Lektorate drehen. Ich bin sowieso nur Konstanze, der Gastgeberin, zuliebe hier. Konstanze und ich, wir geben uns nachts regelmäßig einer gemeinsamen Leidenschaft hin, vorausgesetzt, sie muss nicht kurzfristig einen renitenten Blinddarm operieren und ich keiner Notklingel nachspringen.
Die gute Konstanze hat sich den ganzen Abend über redlich Mühe gegeben, mich mit möglichst vielen

Gästen bekannt zu machen. Gleich mehrmals hat sie mich aus zäher Konversation gerettet, – um mich dann allerdings mit einem weiteren »Kennt ihr euch eigentlich?« der nächsten auszuliefern. Als um halb elf die Musik aus Rücksicht auf die Nachbarn auf anderthalbfache Zimmerlautstärke gedämpft wurde und damit als Alibi für schleppende Gespräche wegfiel, habe ich Reißaus Richtung Küche genommen.

Ihrem Exgatten Bruno hat Konstanze mich nicht vorgestellt. Sie spricht fast nie über ihn, ganz im Gegensatz zu ihren Gästen, die in einem fort von ihm schwärmen. Muss eine ziemlich große Nummer im Literaturgeschäft sein, dieser Bruno. Kurz vor Mitternacht ist er hier aufgekreuzt, hat jedoch bis jetzt von sich nicht mehr als einen winkenden Arm in der Küche sehen lassen, der allerdings mit großem Hallo willkommen geheißen wurde.

»Ihr wisst ja, Bruno tanzt erst mal«, hatte Lukas oder Markus diesen Kurzauftritt kommentiert und allgemeines Nicken geerntet.

Inzwischen hat sich die Mehrheitsfraktion der Acht-Stunden-Schlaf-Braucher und Morgen-früh-ins-Grüne-raus-Woller verabschiedet und der obligatorischen Handvoll Sich-die-Nacht-in-der-Küche-um-die-Ohren-Schläger das Feld überlassen.

Der Espressokoch Lukas oder Markus gehört dazu, außerdem Leonid und Gerald, die seit Stunden gestenreich aufeinander eindiskutieren. Gudrun und Ulli sind auch noch da, aber die reden schon länger nicht mehr. Sie schmatzen und schlecken nur noch, und es ist bloß eine Frage der Zeit, bis die beiden sich in ein stilles Eckchen zurückziehen und die Brillen vom Leib reißen. Tja, und dann ist da eben noch die reizende Paula, die nur eine Spülmaschinenbreite von mir entfernt an der Küchenzeile lehnt, mich aus sehr großen, sehr grünen Augen anschaut – und immer noch wissen will, woran ich denn gerade so schreibe.

Soll ich mich tatsächlich wiederholen? Oder soll ich die Wahrheit sagen? Welche Antwort würde Paula wohl besser gefallen?

Kurzentschlossen setze ich alles auf eine Karte, beuge mich zu Paula hinüber und bekenne in volksfesttauglicher Lautstärke: »Ich schreibe nicht!«

Zu meinem Leidwesen ist ausgerechnet in dieser Sekunde Lukas' oder Markus' Espresso vollendet. Die Kaffeemaschine schweigt – und meine Antwort füllt die Altbauküche bis hinter das Abzugsrohr der Gastherme.

Leonid und Gerald stellen schlagartig das Diskutieren ein. Ulli zieht vor Schreck die Hand aus Gudruns Bluse. Und Paula, der ich eben ohne Absicht, aber mit vollem Erfolg ins Ohr gebrüllt habe, macht eine abwehrende Handbewegung, die nicht klar erkennen lässt, ob sie die Lautstärke oder der Inhalt meiner Aussage abstößt. Vermutlich beides.

Alle starren mich entgeistert an. Keiner sagt etwas.

Es vergeht eine Schweigeminute, dann fragt Gudrun vorsichtig: »Ist das dein Ernst? Du schreibst... gar nicht?«

»Nein«, antworte ich, besinne mich dann aber auf die korrekte Verneinungsform, »Also, ja. Ich schreibe... gar nicht.«
»Auch keine Kurzgeschichten? Oder Gedichte?», hakt Lukas oder Markus nach.
Besonders keine Gedichte, denke ich, sage aber bloß: »Nein, auch keine Gedichte.«
»Böll sagt, in der Literatur sei das Genre nur von marginaler Bedeutung, unverzichtbar hingegen die poetische Wahrhaftigkeit», meint Gerald, der schon den ganzen Abend eine Art Böll-Gesamtausgabe auf zwei Beinen gibt.
Geralds Diskussionspartner Leonid verdreht die Augen. Unterdessen hat Ulli auch ihren zweiten Arm unter Gudruns Bluse hervorgeholt und zeigt mit dem Finger auf mich: »Du bloggst!«
»Bloggen ist flüchtige virtuelle Scheiße«, blafft Leonid dazwischen.
»Ssssscht«, macht Lukas oder Markus. »Streitet euch nicht, bitte. Jetzt geht es doch darum, wie wir ihm helfen können.«
Eine Kopfbewegung in meine Richtung zeigt an, dass ich ihm bin.
»Ihm heißt Max«, antworte ich, »und ihm bloggt nicht. Ihm slammt auch nicht.«
Lukas oder Markus flüstert nun Gudrun etwas ins Ohr und schleicht aus der Küche. Ulli fährt den ausgestreckten Arm wieder ein und sagt: »Also, ich könnte das nicht. Einfach nicht schreiben... Das Schreiben ist für mich auch eine tiefe räumliche

Dimension, es ist ein Zufluchtsort, ein Refugium des Menschseins, in dem ich mich dem alltäglichen Irrsinn entziehen kann.«

Und ausgerechnet die reizende Paula, die ich mir als Wärmespenderin für die Nacht noch immer nicht aus dem Kopf schlagen mag, fragt mich kopfschüttelnd: »Als denkender und fühlender Mensch musst du den Druck deiner kranken Umwelt doch irgendwie kreativ verarbeiten... Spürst du diesen Impuls denn gar nicht?«

Ach Paula, denke ich, während ich versuche, mein verlegenes Schulterzucken mit einem Lächeln zu kompensieren, wenn du wüsstest, dass mich nur deine grünen Augen davon abhalten, dem einzigen Impuls zu folgen, den ich gerade spüre – dem Fluchtimpuls.

»Böll bemerkt, dass nur der produktive Umgang mit der eigenen Fantasie es dem Autor ermöglicht, auf dem schmalen Grat zwischen Wahrheit und Wahnsinn zu überleben«, ereifert sich Gesamtausgaben-Gerald.

Kollektives Murren hebt nun an. Leonid fletscht gar die Zähne. Keine Ahnung, ob das mir gilt oder Geralds Dauerböllerei. Um ein Zeichen der Versöhnung zu setzen, öffne ich die Kühlschranktür und mache eine einladende Geste Richtung Kaltgetränke, ernte aber bloß einhelliges Kopfschütteln. Ich brauche auf jeden Fall ein Bier.

Kaum nehme ich den ersten Schluck, platzt es aus Leonid heraus: »Okay, jetzt mal weg von der bürgerlich-eskapistischen Sublimierungskacke. Brauchbare Literatur hat den Finger schonungslos in die eiternden offenen Wunden der von den herrschenden Klassen mit Hilfe der Unterhaltungsindustrie kaschierten eklatanten Widersprüche der Akkumulationsmechanismen der dem Untergang geweihten spätkapitalistischen Gesellschaft zu legen.«

Als er den Satz beendet, ist mein Bier halb leer.

»Aber was nutzt mir denn der schönste gesellschaftskritische Inhalt, wenn kein poetischer Formwille ihn wirkungsmächtig werden lässt?«, widerspricht Ulli. »Für mich ist das Spiel mit der Sprache nicht zuletzt auch ein lustvoller Vorgang.«

»Ästhetizistisches Gewichse!«, schnaubt Leonid.

»Wisst ihr was?«, sagt Gudrun plötzlich, »ich wünschte, ich könnte so sein wie Max.«

Ich verschlucke mich am letzten Hieb aus der Flasche.

»Wie meinst du das?«, will Paula wissen.

Gudrun atmet tief durch, dann antwortet sie sehr leise: »Manchmal wünsche ich mir... eine Schreibblockade.«

»Du spinnst!«, sagt Ulli entgeistert.

»Manchmal wird der Druck meiner Fantasie zu groß«, sprudelt es aus Gudrun heraus. »Nachts schrecke ich aus dem Schlaf und kann erst wieder einschlafen, wenn ich ein halbes Kapitel oder ein Exposé oder mindestens drei Haikus geschrieben habe.«

»Der dichterische Geist darf niemals ruhen, das war Bölls Credo und ...«

»Halt die Fresse mit deinem Drecksböll!«. brüllt Gudrun, greift sich ein Basilikumtöpfchen von der Fensterbank und schleudert es aus der Drehung in Richtung Gesamtausgaben-Gerald.
»Aua!«, sagt Gerald, als ihn das Kräutergeschoss an der Schläfe streift. Ob das von Böll oder von ihm ist, behält er für sich. Da nun alle Aufmerksamkeit auf Gudrun und ihr Opfer gerichtet ist, halte ich die Gelegenheit für günstig, endlich an der Küchenzeile entlang näher an Paula heranzurücken. Doch just in diesem Moment stürmt der freudestrahlende Lukas oder Markus in die Küche.
»Schaut mal, Leute, wen ich euch mitbringe!«
Ich weiß sofort, wer der grauhaarige Zausel mit dem Weinglas in der Hand ist, der mit drei, vier kleinen Schritten über die Schwelle tänzelt und dabei von allen Kücheninsassen begeistert beklatscht wird: Das ist Bruno, Konstanzes Exgatte, die große Nummer im Literaturgeschäft. Bruno strahlt und schwitzt. Keine Ahnung, wie man sich zu zimmerlauter Musik ins Schwitzen tanzen kann, aber Bruno ist es ganz offensichtlich gelungen. Nach einer angedeuteten Verbeugung in die Runde begrüßt er Gerald mit einem kräftigen Klaps auf die Schulter. Leonid hält Bruno die linke Hand zum Abklatschen hin, Brunos Handballen erwischt allerdings bloß Leonids kleinen Finger und knickt ihn um. Leonid grinst trotzdem, als hätte ihn Lenin oder zumindest Maxim Gorki persönlich begrüßt. Gudrun und Ulli umarmt Bruno nacheinander einarmig, erst für Paula stellt er sein

Weinglas auf die Spülmaschine. Was folgt, dauert für meinen Geschmack eindeutig zu lang. Er umarmt sie und vollführt mit Armen und Händen ausufernde Wischbewegungen auf ihrem Rücken. Sieht aus, als wolle er sich an ihr abtrocknen, aber ich argwöhne, dass er keine rein hygienischen Beweggründe hat. Irgendwann lässt Bruno sie doch noch los. Und dann bin ich dran.

»Du bist also der Max«, sagt Bruno und lächelt mich dabei wohlwollend an. »Johannes hat mir erzählt, was mit dir los ist.«

Er zeigt mit dem Weinglas auf Lukas oder Markus. Johannes heißt er also, da lag ich gar nicht so verkehrt.

»Weißt du, Max, zu mir kommen immer wieder Leute, die noch nie etwas geschrieben haben«, fährt Bruno fort, »ich kenne mich ein bisschen aus mit der Schriftstellerei.«

»Mein Gott, Bruno, du bist immer so bescheiden!«, ruft Johannes aus, »Max, du musst wissen, der Bruno ist Gründer und Leiter des Instituts für Kreative Schreibentfaltung.«

»Und er hat schon sechzehn Romane veröffentlicht«, ergänzt Ulli.

»Fünfzehn Romane«, korrigiert Bruno milde lächelnd, »streng genommen ist *Das Zögern des Wasserfalls* eine Novelle.«

»Bruno ist eben nicht nur ein glänzender Romancier, sondern auch ein nachgerade böllscher Meister der kurzen Form«, strahlt Gesamtausgaben-Gerald,

»Und seine Gedichte…«
»Nun ist aber genug, Freunde.« Bruno hebt die freie Hand und vollführt eine Geste, die halb Beschwichtigung, halb Segnung ist. Dann wendet er sich wieder mir zu.
»Weißt du, welche Erfahrung ich gemacht habe, lieber Max? Gerade die hartnäckigsten Schreibverweigerer haben das erstaunlichste kreative Output, wenn wir erst mal ihre Schreibblockade gelöst haben. Schau dir Leonid an. Der wollte keine Zeile schreiben, als er zu mir kam. Jetzt vollendet er bald den dritten Band seiner Roman-Tetralogie über den Spanischen Bürgerkrieg. Nicht wahr, Leo?«
»Schon richtig«, bestätigt Leonid beinahe freundlich. »Bin gerade bei der Eroberung Barcelonas durch die Faschistenschweine im Januar Neununddreißig.«
»Üble Sache«, sage ich ungewollt zweideutig.
»Das kannst du auch!«, ermuntert mich Johannes.
Ich will keinen Roman über die Eroberung Barcelonas schreiben. Mich interessiert ausschließlich die Eroberung der Küche durch Gastgeberin Konstanze. Wo steckt sie nur?
Bruno lässt nicht locker: »Komm einfach mal in eine meiner offenen Schreibwerkstätten, Max. Die habe ich speziell für Menschen mit Schreibstörungen eingerichtet.«
Und dann mag ich weder Augen noch Ohren trauen, als sich die reizende Paula nach vorn beugt, um mir an Bruno vorbei ins Gesicht schwärmen zu können: »Bruno ist wirklich ein begnadeter Schreiblehrer. Er

war so nett, mich bei einer seiner Schreibwerkstätten hospitieren zu lassen.«
»Du warst aber auch eine begnadete Hospitantin«, erwidert Bruno und legt Paula die Hand auf die Schulter, »Paula wird demnächst selbständig ihren ersten Kurs bei mir leiten. Wäre es da nicht eine gute Idee, wenn du bei ihr teilnehmen würdest, Moritz?«
Paula strahlt, aber das liegt wohl weniger an der Aussicht, mich zum Schreiben bringen zu sollen, als an Brunos linker Hand, die ihre Schulter massiert.
Dazu fällt mir nicht mal mehr eine Hinhaltefloskel ein. Stattdessen geschieht auf einmal das, worauf ich seit Tagen gehofft habe: Jener ominöse Hirnlappen, in dem die Fantasie haust, schlägt einen Salto, und was für einen! Ein zweiter folgt. Und noch einer… Jetzt muss ich loslegen, müde und nicht mehr so ganz nüchtern, wie ich bin.
Ich murmele etwas von zu viel Bier und fliehe aus der Küche. Im Flur renne ich beinahe Konstanze über den Haufen, die gerade Hand in Hand mit einem lockigen Lyriker aus dem Schlafzimmer kommt. Wir alle drei bewahren nur mit einiger Mühe Haltung und Gleichgewicht. Ich husche ins Badezimmer, werfe die Tür hinter mir ins Schloss. Durchwühle die Hosentaschen, finde den treuen kleinen Bleistift und einen alten Einkaufszettel.
Bevor ich beginne, drehe ich den Schlüssel im Schloss zweimal um. Dem nimmermüden Kümmerer Johannes ist es zuzutrauen, dass er hereinschneit, weil er meint, es sei nur ein kleiner Schritt von der

Schreibblockade zur Lebensverweigerung. Nun ist die Tür verriegelt, soll er meinetwegen versuchen, das Schloss aufzuquatschen. Ich lasse ihn nicht rein. So ganz unrecht hat er ja nicht. Ich will tatsächlich Schluss machen, aber nicht mit meinem Leben, sondern mit dem 48. Kapitel meines Romans. Eben in der Küche ist mir die lang ersehnte Idee gekommen. Und die geht so:

Der Held meines Romans entdeckt, dass seine seit dem dritten Kapitel verschollene Angebetete im Keller eines Schreibzuchthauses gefangen gehalten wird. Eine Handvoll bebrillter Poesiezombies will sie dazu zwingen, eine Roman-Hexalogie mit dem Titel »Ich schreibe, also bin ich« zu verfassen. Meinem Helden gelingt es, sie in einer übergroßen Bücherkiste aus ihrem Verlies zu schmuggeln, als die Untoten gerade einen Kurs über stereotypes Schreiben abhalten. Doch die Poesiezombies schwören furchtbare Rache, drohen mit vernichtenden Verrissen quer durchs Feuilleton, falls einer der beiden es wagen sollte, jemals auch nur eine Zeile selbständig zu veröffentlichen.

Ich kritzele und kritzele mit stumpfem Stift. Erst auf die Rückseite des Einkaufszettels, dann auf die Vorderseite, wo bis eben nur Leberwurst, Zahnpasta und Dosenbier notiert waren. Ein bisschen mühsam ist das, aber es geht. Der Schaffensrausch macht es möglich.

Mir doch egal, ob mich irgendwelche Geralds oder Brunos jemals einen glänzenden Romancier nennen

werden. Schön wär's bloß, wenn übermorgen Nacht kein Blinddarmdurchbruch dazwischenkäme. Ich brenne darauf, Konstanze das vollendete 48. Kapitel vorzulesen.
Sie wird staunen!

Richtig tanzen

Diese vier scheppernden Akkorde hauen mich jedes Mal aufs Neue vom Hocker. Ich rutsche von meinem Hochsitz und mache mich auf zur Tanzfläche. Wurde aber auch Zeit, dass der DJ mal einen lichten Moment hat, und zwar nicht nur, weil ich endlich tanzen will.

Die Luft zwischen meinem alten Kumpel Jochen und seiner Freundin Jessica ist heute noch dicker als sonst. Wenn man als Alleinstehender mit einem Pärchen ausgeht, dann kriegt man gern mal gratis dazu die Arschkarte deluxe, als menschliche Pufferzone herhalten zu müssen.

Grund genug also, sich den Weg durch die randständigen Tanzflächengaffer zu bahnen. Und als Iggy Pop das erste Mal *I am the passengöööö* näselt, da fange ich an zu tanzen. Richtig zu tanzen. Nicht so einen bewegungsarmen Finanzbeamten-Shuffle mit herabhängenden Schultern und Mundwinkeln. Gibt ja Leute, die können auf einem Bierdeckel tanzen, ohne runterzufallen.

Bei mir rotieren alle Körperteile. Okay, meine Ex-Freundin hat immer gesagt, es sähe nach Sackhüpfen aus, wenn ich tanze. Und vielleicht war es ja auch schon der Anfang vom Ende, als sie mich fragte, ob irgendwo in meiner Verwandtschaft ersten oder zweiten Grades ein Känguru zu finden sei. Ich bin wirklich nicht eitel, aber mein Sinn für Ironie hat Grenzen.
Dummerweise kriege ich neuerdings immer schon während der ersten Nummer mittelschwere Atemprobleme. Tanznummer wohlgemerkt, an alle anderen Nummernformen habe ich eh nur noch vage Erinnerungen. Trotz Luftknappheit gröle ich den Refrain natürlich mit. Einmal *Singin* und dann sechsundzwanzigmal *La*.
Taufrisch ist hier heute Abend niemand, kein Wunder, ist ja auch eine Ü30-Party. Die Allermeisten dürften wie ich die Ü30-Schwelle bereits im vergangenen Jahrtausend überschritten haben. Einige sehen sogar schwer danach aus, als hätten sie die Nachtwache in ihrem Altersheim entweder be- oder erstochen, um herkommen zu können.
Immerhin springt hier kein kampfsaufendes Jungvolk rum. Und irgendwie ist es auch ganz tröstlich, sich selbst alle zwei Wochen im mild-diffusen Licht der Scheinwerfer mal wieder unhinterfragt für Anfang 30 halten zu können, – um sich dann jedoch am nächsten Morgen wie Ende 60 zu fühlen, wenn alle Wirbel knirschen und jedes einzelne Gelenk ein Epizentrum des Schmerzes ist.

Iggy hat ausgenäselt. Siebzig, achtzig erwartungsvolle Körper pendeln sacht im Scheinwerferlicht hin und her, begierig, den nächsten Rhythmus aufzunehmen. Der DJ hat es nicht so sehr mit den zügigen Überblendungen – und leidet obendrein an temporärer Geschmacksverirrung. Beweis: ein protziger Gitarrenriff, begleitet von schmalzgetränktem Gekrächze. Bryan Adams, *Summer of 69*. Nix wie runter von der Tanzfläche, sonst kotze ich. Es kommt schon vor, dass ich meinen Bewegungsdrang nicht in Griff habe, aber ich lasse definitiv nicht zu, dass er die letzten Bastionen des guten Musikgeschmacks schleift.
Eine Flut von Dauerwellen schwappt mir entgegen. Tanz der Toupierten ist jetzt angesagt. Überhaupt stößt man auf so einer Ü30-Party auf längst ausgestorben geglaubte Frisuren. Wenn nachher Born tobe wild läuft, dann wird sich die Fraktion der langhaarigen 50-Plusser von der Theke losreißen, um ihre anlässlich der ersten Mondlandung angelegten Matten auszuschütteln.
Ich bahne mir meinen Rückweg an zwei Rauschebärten vorbei, die schon den ganzen Abend zwei Meter von den Lautsprecherboxen entfernt angeregt aufeinander einbrüllen. Als ich mich durchzwänge, höre ich den hellgrauen zum dunkelgrauen Rauschebart sagen: »Ach Quatsch, lies das 23. Kapitel, ›Über die ursprüngliche Akkumulation‹. Dann weißt du, wie die ganze Kapitalismus-Scheiße angefangen hat.«
Ich erreiche unversehrt unseren Stehtisch. Neuerdings ziehe ich einen Platz etwas abseits der Tanz-

fläche vor, weil mir kürzlich ein 100 Kilo-Koloss das Bier aus der Hand geschlagen hat. Ganz unabsichtlich, der tanzte bloß einen halben Meter rechts von mir, als Rocky Horror-Chef Frank'n'furter verkündete: *It's just a jump to the left.*
Die Großwetterlage zwischen Jochen und Jessica entspricht mittlerweile der Nordost-Sibiriens an einem finsteren Wintertag. Sie schaut nach links, Richtung Klo und Ausgang, er starrt nach rechts, auf irgendeinen hübschen Hintern. Ich beziehe zähneknirschend meinen Posten als Beziehungs-Blauhelm. Erklimme den Hocker zwischen den beiden, umklammere mein Bier und suche eine neutrale Blickrichtung.
Lande ausgerechnet am Nachbartisch, wo ein untersetzter Glatzkopf und eine sehr aparte Blonde schon den ganzen Abend miteinander knutschen – wenn sie sich nicht gerade auf der Tanzfläche aneinander reiben. Widerlich ist diese Knutscherei. Müssen die nicht mal Luft holen zwischendurch?
Ob da Neid bei mir im Spiel ist? Höchstens so zu neunzig Prozent.
Da hat man sich gerade dreiviertelwegs mit dem Alleinsein arrangiert, und dann kommen diese beiden Turteltäubchen in ihrem oversexten siebten Frühling und führen einem vor, dass es doch noch irgendwie irgendwo irgendwas anderes gibt, als Snooker und Rugby im Fernsehen, und samstags zu den Kickers rauf auf die Waldau.
Immerhin geht die aparte Blonde jetzt mal allein tanzen. Von der würde ich mir allerdings mit Ver-

gnügen einen jump totheleft gefallen lassen. Aber warum guckt der Glatzkopf plötzlich so melancholisch? Soll er doch froh sein, dass er so ein Prachtweib abgekriegt hat, der Trottel. Und das Beste draus machen. Kann doch nicht so schwer sein.
Mein Blick schweift über die Tanzfläche. Wie immer haben die Frauen dort eine satte Vierfünftel-Mehrheit. Das muss irgendwo in der Bibel oder im Grundgesetz stehen: Die Frauen tanzen, die Männer stehen drumrum und glotzen. Einmal am Abend heißt es dann sogar: Ladies only, dann nämlich, wenn die Weather Girls Frauen jedweder Frisur dazu bringen, die Arme ohne Rücksicht auf die geschulterten Handtaschen gen Deckenscheinwerfer zu recken und inbrünstig »It's raining men - halleluja« zu singen, woraufhin alle Männer beleidigt in ihre Biere starren.
Nur ein einziges Mal kehrt sich das Geschlechterverhältnis um, und zwar bei *No woman, no cry*. Da ist Tanzen kurzfristig Männersache. Ich bleibe dann immer demonstrativ sitzen. Nicht, weil es mir an Selbstmitleid mangelt, keineswegs, sondern weil mich meine Ex dereinst belehrt hat, dass Bob Marley alles andere als einen Erbauungsschlager für Beziehungsabstinenzler im Sinn hatte.
Jetzt muss ich schon wieder woanders hingucken. Der dicke Glatzkopf ist der aparten Blonden auf die Tanzfläche gefolgt und vollführt mit ihr ausgerechnet in meinem Blickfeld eine Art Begattungstanz.
Ja, es ist wahr, es geht mir nur so semi-super. Aber

immerhin bin ich noch nicht mit dem Inventar verwachsen wie manche Dauergäste hier. Die lehnen jeden Abend an ihren angestammten Tischen und bewegen sich nicht vom Fleck. Sie lehnen schon da, wenn der Laden aufmacht, sie lehnen immer noch da, wenn das Saallicht wieder angeht. Ob die Putzfrauen morgens wohl einfach um die herumwischen? Oder tragen sie die Jungs zwischendurch zum Lüften nach draußen? Tot sind die übrigens nicht, sie geben regelmäßig kleine Lebenszeichen von sich. Der Typ mit dem Hardrock-Café-T-Shirt etwa wippt mit dem rechten Fuß entgegen dem Takt der Musik, ein anderer, der mit dem *Motörhead*-Aufnäher auf der Jeansweste zwei Tische weiter, lässt im 10-Minuten-Takt die Bierflasche von der linken in die rechte Hand wandern.

Weil ich die Jungs vom Stammpersonal beobachtet habe, kriege ich jetzt nur noch die Endphase der Eskalation zwischen Jochen und Jessica mit. Und die hat es heute besonders in sich. Normalerweise ignorieren die beiden sich den ganzen Abend über beharrlich, um dann urplötzlich einen ausgewachsenen Eklat hinzulegen, nicht hörbar, aber sehenswert. Immer so gegen halb eins. Wer keine Uhr dabei hat und auf die letzte U-Bahn will, der kann sich getrost an den beiden orientieren. Um zwanzig vor eins 1 streckt Jessica dann die Hand aus, Jochen legt den Autoschlüssel hinein, sie dampft ab. Diesmal, und das ist wirklich neu, scheuert sie ihm eine, dass ich es trotz der lauten Musik glaube klatschen zu hören.

Woraufhin Jochen samt Autoschlüssel davonrauscht. Ich habe keine Ahnung, warum und worüber die zwei sich dauernd streiten. Eigentlich passen sie in ihrem Phlegma ganz prima zusammen. Wobei mir Jessicas Temperamentsausbruch gerade ausgesprochen gut gefallen hat, der war regelrecht… sexy.
Ohrfeigen kann sie auf jeden Fall besser als tanzen. Wenn ich Jessica auf der Tanzfläche sehe, dann fällt mir immer ein hübsches Lied von Jan Delay ein, in dem es heißt: Sie ist so wunderschön / da ist nur ein Problem / sie kann nicht tanzen.
Ich muss zugeben, ich weiß nicht mal, wie Jessicas Stimme klingt. Hier versteht man kaum sein eigenes Wort, und wenn ich ausnahmsweise nicht mit dem Rad herfahre und die beiden mich abholen, dann schmollt Jessica immer schon wortlos und mit vor der Brust verschränkten Armen auf dem Rücksitz.
Im Moment schmollt sie ganz und gar nicht. Sie lächelt sogar, weil ich ihr mit rudernden Armen zu verstehen gebe, dass ich sie nachher mitzunehmen gedenke, und zwar auf der Mittelstange meines Fahrrads. Zweideutige Handbewegungen lassen sich dabei nicht ganz vermeiden, trotzdem zeigt Jessica mit dem Daumen über ihre Schulter, eine Aufforderung, ihr in leisere Gefilde zu folgen. Ich zögere einen Moment, weil der DJ gerade unverhofft einen Musenkuss abbekommen hat, einen richtig fetten Schmatzer gar, denn er spielt *Crosseyed and painless* von den Talking Heads, die Stop-making-sense-Version. Weil mich diese Nummer in meiner derzeitigen Verfas-

sung aber zweifellos geradewegs unters Sauerstoffzelt befördern würde, dackle ich hinter Jessica her.
Sie lotst mich indes nicht an die frische Luft, sondern in das dustre Bermuda-Dreieck zwischen Theke, Ausgang und Kiffer-Ecke. Dort brüllen wir uns fünf Minuten lang an, bis wir uns einig sind, dass es hier auch ganz schön laut ist. Dann schreit nur noch Jessica, und zwar, soweit ich es verstehen kann, ein prächtiges Jochen-Bashing, direkt in mein hinabgeneigtes Ohr. Ich nicke verständnisvoll. Nicht, weil ich tatsächlich Verständnis habe, sondern weil mich die zufälligen Berührungen korrumpieren, die sich in dieser akustischen Notwehrsituation zwangsläufig ergeben. Wie, bitteschön, soll ich das Banner der männlichen Solidarität hochhalten, wenn Jessicas charmanter Busen wiederholt meinen Oberarm streift, während sie mich auf Zehenspitzen stehend indoktriniert? Logisch, dass da binnen Kurzem die Grenze zwischen zufälliger und absichtlicher Berührung verschwimmt. Keine Ahnung, warum meine Hand auf einmal auf ihrer Schulter liegt, dann auf ihrem Rücken, ziemlich weit unten, komischerweise sogar unter dem Saum ihres T-Shirts. Wo es aber gar keine nackten Wirbel zu ertasten gibt, auch keine Dessousausläufer, sondern irgendwas anderes, merkwürdiges, kunststoffliches ... ein ABC-Wärmepflaster.
Egal. Jessicas Anti-Jochen-Tirade ist versiegt, und als ich den Kopf zur Seite drehe, ist plötzlich nicht mehr mein Ohr an ihrem Mund, sondern mein…

Ich überlege kurz und krampfhaft. Soll ich wirklich die Freundin meines Kumpels Jochen küssen? Jenes Jochen, der im Sommer 83 mein Mofa so frisiert hat, dass es bergab einundvierzig Sachen machte?
Ja, ich soll sie küssen, entscheide ich, denn wer weiß, ob ich sonst überhaupt nochmal in den Genuss eines Götterfunken schlagenden ersten Kusses komme, der um so vieles aufregender ist als alle akrobatisch-ekstatischen Turnübungen, die später folgen – oder auch nicht. Außerdem sind Jessicas leicht geöffnete Lippen inzwischen ausweglos nah an meinen, so nah, dass die Atemluft zwischen uns zu flirren beginnt. Nur noch wenige Millimeter, dann werden unsere Zungen sehr intensiv und facettenreich miteinander kommunizieren…
Denkste!
Unvermittelt stößt Jessica einen grellen Schrei aus und stürzt davon.
Reflexartig frage ich mich, was ich wohl falsch gemacht habe. Dann aber erkenne ich das anschwellende Keyboard und verstehe die Zeile: *For the first time in history, it's gonna start raining men.*
Jetzt ist die Welt doch ein bisschen aus den Fugen. Jessica ist weg, möglicherweise wird ihr in den nächsten drei Minuten ein herabregnender Kerl das Genick brechen. Die Symbiose aus Glatzkopf und aparter Blonder schwebt ineinandergewunden und mit hohem Risiko eines orthopädischen Totalschadens im Falle des Stolperns an mir vorbei, Richtung Ausgang. Und der Typ mit dem Motörhead-Aufnäher auf der

Jeans-Weste muss tatsächlich sein Bier und seinen Tisch im Stich gelassen haben, denn er klopft mir auf seinem Weg zum Klo aufmunternd auf die Schulter. Der Abend ist gelaufen.

Ich beschließe, mich aufs Rad zu schwingen, bevor Jessica zurückkommt und mir das unvermeidliche »Ist besser so, glaub mir« ins Ohr brüllt. Eine kalte Dusche später würde ich ihr sowieso nicht mehr widersprechen. Denn was wäre ich anderes für sie als ein Trostpflaster? Und dafür bin ich mir zu schade. Ein Trostpflaster, das ist die Platin-Version der Arschkarte deluxe.

Also nichts wie weg hier. Doch als ich nach einiger Wühlerei meinen Fahrradschlüssel zu fassen kriege, da werde ich hellhörig. Diesen behäbigen Reggae-Groove kenne ich. *No woman, no cry…* war mir nie willkommener als gerade jetzt.

Ich stopfe den Fahrradschlüssel zurück in die Hosentasche, mache kehrt - und gehe nochmal richtig tanzen.

Der Fluch der guten Tat

Als ich fünf nach Feierabend die Treppe hinab zum S-Bahnsteig betrete, da höre ich auch schon den Zug im Tunnel heranröhren. Fein, muss ich also nicht sinnlos rumstehen und warten! Das habe ich mir aber auch redlich verdient, denn angesichts des Feinstaubalarms habe ich vorbildlicherweise meinen Wagen heute früh in der Garage gelassen.
Ja, genau, das war ich!
Schwer beschwingt ob dieser guten Tat presche ich treppab und erreiche gerade noch rechtzeitig die letzte Tür des hinteren Waggons, bevor diese sich schließen kann. Und weil ich mein Glück gerne mit anderen Menschen teile, bleibe ich auf dem Trittbrett stehen. Hinterrücks nähert sich nämlich hektisches Absatzklappern. Ein Blick über die Schulter verrät mir, dass da etwas Blondes in einem dunklen Hosenanzug, Typ Bänkerin mit Teamleitungsfunktion, unbedingt noch mitfahren will. Und als sie mich und damit auch den Zug erreicht, da lächelt sie von einem Perlenohrring zum anderen und bedankt sich mit einer Stimme, die so gar nicht nach Volks- und Reibeisenbank klingt, sondern glockenhell und sanft. Sage noch jemand, gute Taten lohnten nicht! Ich könnte stundenlang hier stehenbleiben und einfach nur zurücklächeln.

»Wenn der Schnarchsack in der letzten Tür aus der Lichtschranke geht, dann kommen wir alle heute noch nach Hause. Vielen Dank auch.«
Oh, der Fahrer meint mich. Und er hat Recht, kein Zweifel, auch wenn er sich meiner Meinung nach eindeutig im Ton vergreift.
Die lächelnde Bänkerin hat sich inzwischen hingesetzt. Ich ergattere glücklicherweise ein Plätzchen in der 4er-Sitzkombination auf der anderen Gangseite und sehe vergnügt zu, wie sie in ihrer Handtasche kramt. Was sie wohl sucht? Ihre Fahrkarte vielleicht? Apropos Fahrkarte: Ich habe, fällt mir jetzt ein, eben im Feierabendrausch diverse Fahrkartenautomaten links wie rechts des Weges ignoriert und ... fahre gerade schwarz. Aber sei's drum. Die werden sich angesichts der Feinstaub-Bedrohung wohl kaum trauen, ausgerechnet heute ihre Kontrolleure ausschwärmen zu lassen. Wäre ja noch schöner, wenn man für die gute ökologische Tat auch noch bestraft werden würde!
Kein Grund zur Aufregung also, und so schaue ich mich ganz entspannt ein bisschen um. Neben mir hockt eine Mutter, die ihren kleinen Sohn auf dem Schoß hat. Der Junge schleckt ein Eis, eine in Waffel gepfropfte grün-rote Kugelballung. Ich zwinkere dem Kleinen zu, er streckt mir die Zunge raus.
Am Fenster, mir schräg gegenüber, sitzt eine schmallippige Frau, die eine dieser großen, modischen Sonnenbrillen aufhat. Zwischen ihren Knien klemmt etwas, das ein Minigolfschläger sein könnte. In den

Sitz mir gegenüber fläzt sich ein unangenehmer Typ: Kahlrasierter Schädel, weißes T-Shirt, Hosenträger, Springerstiefel. Unter dem Ärmel seines T-Shirts lugt ein Tattoo hervor, von dem nur ein Wort zu lesen ist, aber das reicht mir schon: pride.Ein Bilderbuch-Skinhead, ziemlich sicher kein Freund und Förderer interkultureller Verständigung. Da schiele ich doch lieber zu den perlenbehangenen Ohrläppchen der blonden Bänkerin hinüber.
Die S-Bahn erreicht unterdessen den nächsten Bahnhof, der Waggon füllt sich – und mir versperrt plötzlich ziemlich viel schwarzer Stoff die Sicht. Eine Burka samt Trägerin. Ich muss zugeben, dass mir ein minimaler Anflug von Intoleranz über die Galle kriecht, aber den würge ich mit dem Gedanken ab, dass ich genauso wenig perlenverzierte Bänkerinnen-Ohrläppchen anschmachten könnte, wenn eine erzkatholische Nonne im Weg stünde.
Jetzt regt sich obendrein mein schlechtes Gewissen, weil sich allerhand Zugestiegene mit einem Stehplatz im Gang begnügen müssen. Ist unter denen vielleicht jemand, der einen Sitzplatz nötiger hat als ich? Vielleicht sogar die Burka-Frau? Die kann unter ihrem Stoffzelt 25 sein, aber auch 65 oder 85. Wie ist das überhaupt, frage ich mich, ist es gegenüber Burka-Trägerinnen auch unschicklich, sich nach dem Alter zu erkundigen? Ich kann mir ja schlecht den Ausweis zeigen lassen.
Klar ist jedenfalls, dass der auffällige junge Typ mit Basecap und dicker Goldkette schräg hinter der

Burka-Frau wohl kaum einen Sitzplatz braucht. Der fällt übrigens nicht wegen seiner dunklen Hautfarbe auf, sondern weil er als einziger U30er in diesem Zug nicht durch Ohrstöpsel mit seiner Fernsprechdialyse verbunden ist. Stattdessen hat er so einen neumodischen Monsterkopfhörer auf den Ohren. Glücklicherweise steht gleich neben ihm ein klarer Fall von Hilfsbedürftigkeit: eine grauhaarige Dame in durchaus sportlichem Outfit, aber erkennbar weit jenseits der 70. Deshalb frage ich sie:

»Möchten Sie sich vielleicht hinsetzen?«

»Weder vielleicht noch überhaupt!«, herrscht mich die ältere Dame an. »Oder sehe ich wie eine hinfällige alte Schachtel aus?«

»Nein, ganz und gar nicht hinfällig«, versichere ich eilig.

»Aber wie eine alte Schachtel schon, oder wie?«

»Nein, Sie wirken auf mich ... vital, regelrecht jugendlich.«

»Und warum bieten Sie mir dann Ihren Platz an, wenn ich so vital wirke?«

»Ich wollte nicht ... also ... wegen ... ähm ... unterlassener Höflichkeitsleistung... «

»Lassen Sie mich gefälligst in Ruhe stehen. Stehen strafft nämlich die Waden. Könnte Ihnen auch nicht schaden!«

Leider kann man in einer S-Bahn selbst gegen Aufpreis nicht im Boden versinken, also nehme ich einfach wieder Platz. Immerhin zieht die Frau mit der großen Sonnenbrille am Fenster einen Mundwinkel nach oben. Ein halbes, sprödes Lächeln ist das, gar nicht mal unreizvoll, aber natürlich nicht mit jenem zu vergleichen, das jenseits der Burka hockt.

»Machen Sie sich nichts draus«, sagt die Frau mit der Sonnenbrille freundlich und hebt jetzt sogar den zweiten Mundwinkel an.

»Keine Sorge, ich lasse mich von Undankbarkeit nicht unterkriegen«, sage ich. »Menschen, die Hilfe und Beistand benötigen, trifft man schließlich überall, wenn man nicht gerade blind durch die Welt läuft.«

»Ich bin blind«, sagt die Frau mit der Sonnenbrille. Sie schnippt mit dem Mittelfinger gegen den Metallstab zwischen ihren Knien. Minigolferin ist sie wohl doch nicht.

»Oh, sorry ...«, stammele ich. »Das war natürlich im übertragenen Sinn gemeint.«

»Schon gut«, erwidert die Frau mit der Sonnenbrille. »Manche Leute sind blind, andere haben Tomaten auf den Augen. Das können Sie auch im übertragenen Sinn verstehen.«

Ich hole tief Luft, um mich zu rechtfertigen, komme aber nicht dazu, weil sich in diesem Moment der Bilderbuch-Skinhead von gegenüber langsam und bedrohlich erhebt. Ich fürchte, er hat gerade eben das Motiv auf dem T-Shirt des auffälligen Basecap-Typen wahrgenommen: Ein Hakenkreuz in einem Papierkorb. Die beiden Jungs fixieren einander mit zusammengekniffenen Augen, hier steht also Ungemach zwischen zwei eklataffinen Subkulturen un-

mittelbar bevor. Klar, auf wessen Seite ich stehe. Und so springe ich von meinem Sitz hoch und baue mich vor dem Bilderbuch-Skin auf. Naja, eigentlich eher unter ihm, denn er ist anderthalb Köpfe größer als ich.
»Hier ist kein Platz für rassistische Schläger!«, sage ich für meine Verhältnisse sehr laut.
Und während der Bilderbuch-Skin bloß verständnislos den Kopf schief legt, tippt mir jemand von hinten auf die Schulter.
»Lass meinen Freund Bimbo in Ruhe, sonst kriegst du Ärger mit mir«, sagt der Basecap-Typ, als ich mich umgedreht habe. »Oder hast du grundsätzlich was gegen Schwule?«
»Ach komm, Björn, lass den Schwachkopf«, antwortet der Bilderbuch-Skin. »Der hat ja auch was gegen Behinderte. Frag mal die blinde Lady.«
Die Frau mit der Sonnenbrille grinst spöttisch und sagt: »Naja, die Frage ist wohl eher: Hat ein Elefant was gegen Porzellan, wenn er einen Geschirrladen betritt?«
»Entschuldigung, ich bin kein Elefant!«, sage ich, doch Bimbo, der Bilderbuch-Skin, schiebt mich einfach beiseite und beginnt eine robust-herzliche Umarmung mit Basecap-Björn. Dabei rutscht sein T-Shirt-Ärmel nach oben und gibt das komplette Tattoo frei: Ein Regenbogen, darunter die Worte *gay pride*.
Und während ich am liebsten unter einer meterdicken Feinstaubschicht verschwinden würde, versi-

chern sich die beiden, dass es ja ewig her sei, dass man sich gesehen habe.
»Und? Machst du immer noch deine Töpferlehre?«, will Basecap-Björn wissen.
»Nee, hab`s geschmissen. Das Material war mir zu eintönig«, erwidert Bimbo. »Ich studiere jetzt doch Religionspädagogik.«
Die beiden beachten mich nicht weiter, obwohl ich noch immer ziemlich blöd rumstehe. Heute mische ich mich nirgends mehr ein, entscheide ich, und lasse mich nach hinten plumpsen.
Keine gute Idee.
Mein Hintern landet nämlich nicht auf der stoffbezogenen Sitzfläche, sondern auf etwas Weichem, Warmem, Huckligem. Auch das noch, ich hocke auf Irgendjemandes Schoß, wenn auch nur für Sekundenbruchteile, weil ich schnellstens wieder aufspringe. Ein bisschen zu schnellstens, dergestalt, dass mir das Gleichgewicht abhanden zu kommen droht. Ich suche im aber sowas von nicht übertragenen Sinne irgendwo nach Halt und kriege tatsächlich hinter mir ein Stück Stoff zu fassen.
Tja, es ist doch immer wieder erstaunlich, was man bisweilen zwischen zwei Lidschlägen an wegweisenden Dingen fürs ganze Leben lernt. Mir prägt sich nämlich gerade jetzt für alle Ewigkeit ein, dass Burkas gar nicht fest geknotet, sondern bloß locker um den Körper geschlungen werden. Sonst würde es mir ja wohl kaum derart mühelos gelingen, der Burka-Trägerin, auf deren Schoß ich da gerade gehockt

habe, etliche Quadratmeter schwarzen Stoffs mit einem einzigen, kräftigen Ruck vom Leib zu reißen. Soll sie mir doch dankbar sein, dass ich ihr den emanzipatorischen Akt abnehme, würde ich wohl denken, wenn ich mich nicht gerade mitten im Endkampf ums Gleichgewicht befände. Ich rudere verzweifelt mit dem nicht betuchten Arm, schlage dabei aber blöderweise dem Jungen auf Mutters Schoß das Eis aus der Hand, das daraufhin eine hübsche Flugbahn beschreibt und auf dem Pullover der Frau mit der Sonnenbrille landet.

Meine eigene Flugbahn ist weniger pittoresk, die Landung ziemlich hart, einzig der weiche Burka-Stoff, der mich vollständig einhüllt, hat etwas Tröstendes. Und er ist tatsächlich blickdicht, stelle ich fest. Deshalb höre ich auch bloß, wie der entwaffelte Junge losheult wie eine Garnison Berufsfeuerwehr an Sylvester.

Und die Burka-Frau? Na klar, die keift ohne Verzug los:

»Ey, Alter, hast du 'nen Rad ab?«

Und noch bevor ich meine Räder durchzählen kann, mischt sich Bilderbuch-Skin Bimbo ein.

»Hey, Bernadette, was machst du denn hier? Vorhin in der Mensa hast du doch noch dieses coole kurze Batik-Teil angehabt!«

»Ich arbeite undercover an meiner Diplomarbeit«, antwortet Bernadette.

»Stimmt, du hast ja dieses super spannende Thema. Wie hieß das nochmal genau?«

»Verwerfungen und Determinanten patriarchaler Verhaltensmodi angesichts unterschiedlicher Formen weiblichen Köpern oktroyierter, pseudoreligiös motivierter Verhüllungen«, erklärt Burka-Bernadette.

»Geil!«, höre ich Basecap-Björn schwärmen.

»Absolut die hammer Relevanz!«, bestätigt Bimbo. »Bernadette, das ist übrigens mein alter Freund Björn. Er ist Junior-HipHop-Beauftragter der evangelisch-lutherischen Landeskirche.«

Während nun also Bimbo, Björn und Bernadette mit Wiedersehen und Kennerlernen beschäftigt sind, fasse ich den Entschluss, einfach bis zur Endstation unter Bernadettes Burka liegenzubleiben. Ach was, bis Betriebsschluss, bis die Bahn ins Depot rollt.

Ja, mach nur einen Plan ... und zack, ein entschlossener, bösartiger Ruck, schon ist mein Tuchrefugium futsch.

»Kein Entkommen für Grabscher!«, ruft die vitale alte Schachtel.

»Und für Eiswegschmeißer!«, greint der kleine Junge. Zustimmendes Gemurmel wabert durch den Waggon. Ich schaue mich verlegen um. Bimbo und Björn legen gemeinsam feinsäuberlich Bernadettes Burka zusammen.

Die Frau mit der Sonnenbrille tastet ihren Pullover ab. Als ihr Zeigefinger in die grün-rote Eispampe einbiegt, stutzt sie einen Moment, bevor sie sich den Finger ableckt. Dann sagt sie: »Ich hasse Waldmeister.«

»Macht doch nichts«, sage ich aufmunternd. »Das Rote da ist Erdbeer.«
»Die Frau ist doch blind!«, blafft mich der lutherische HipHopper Björn an. »Bist du eigentlich taub, Alter?«
»Jetzt diskriminieren Sie aber die Gehörlosen!«, halte ich ihm entgegen.
Wenn er mir weiterhin blöd kommt, dann frage ich ihn, ob er seine Monster-Kopfhörer von meinen Kirchensteuern bezahlt hat.
»Es ist besser, wenn Sie jetzt aussteigen«, rät mir Burka-Bernadette im Tonfall von: In dieser S-Bahn ist nur Platz für einen von uns beiden.
Erst jetzt registriere ich, dass sie unter der BurkaFlip-Flops, Jeans und T-Shirt trägt. Keine Dessous, aber immerhin auch keinen Sprengstoffgürtel.
Was bleibt mir übrig, als ihren Rat zu befolgen? Bilderbuch-Skin Bimbo macht nämlich inzwischen ein Gesicht wie sieben Tage Baseballschlägerhagel. Außerdem hat die vitale alte Schachtel mittlerweile doch Gefallen an meinem Sitzplatz gefunden.
Als ich mir notgedrungen den Weg zur Tür bahne, da höre ich hinter mir plötzlich eine glockenhelle, vieles versprechende Stimme:
»Warten Sie doch bitte einen Moment!«
Ich drehe mich um und schaue in das bezaubernde Lächeln der Bänkerin mit den Perlenohrringen. Endlich ein Mensch, der mich versteht! Mehr als verdient habe ich das, finde ich. Und weil ich mir Worte für eine Kaffeeeinladung zurechtlege und innerlich

dazu gratuliere, dass ich heute früh die Korncrackerkrümel vom Bettlaken gesaugt habe, ja, genau deshalb registriere ich erst mit Verspätung, dass sie mich sogar doppelt anlächelt: in natura und von einem kleinen Plastikkärtchen, das sie mir unter die Nase hält, als sie sagt:
»Ihren Fahrausweis bitte.«
Kann das wahr sein? Bin ich vor zehn Minuten tatsächlich auf dem Trittbrett stehengeblieben, damit eine Kontrolleurin noch den Zug erwischt – und mich zum Dank beim Schwarzfahren?
Als wäre das nicht genug, lächelt dieses blonde Biest immer noch ihr großartiges Lächeln, während sie etwas auf einem kleinen Vordruck-Block notiert. Ich hole tief Luft um ein donnerndes J'accuse vom Stapel zu lassen, doch just in diesem Moment sagt die Frau mit der Sonnenbrille:
»Der Herr mit dem Rüssel ist mein Begleiter. Er fährt auf meinem Fahrschein mit.«
So bin ich schließlich doch um ein erhöhtes Beförderungsentgelt herumgekommen. Aber ist damit der Fluch der guten Tat von mir genommen? Mitnichten. Inzwischen bin ich seit ein paar Stunden daheim, und genauso lang lähmt mich ein Riesendilemma: Ich habe nicht mehr viel Zeit, um eine Entscheidung von unabsehbarer Tragweite zu treffen.
Vor mir auf dem Tisch liegen zwei Zettel, jeweils eine Telefonnummer drauf – und ich weiß nicht: Wen soll ich anrufen?
Blond oder blind?

Mutmaßungen über e

»Kommen die überhaupt noch?«, fragt Hilde.
Thomas rammt seine Gabel in den höchstens noch lauwarmen Schweinenacken und sagt: »Wenn sie Wert auf gute Nachbarschaft legen, dann sollten sie sich blicken lassen.«
»Für Zugezogene sollte es eine Selbstverständlichkeit sein, sich in der neuen Umgebung einzubringen«, findet Charlotte.
»Von Pünktlichkeit scheinen die jedenfalls nicht viel zu halten«, meint Hilde.
»Über wen redet ihr?«, will Gaby wissen, die mit einem Tablett und einer großen Porzellanplatte unterm Arm über den Rasen kommt.
»Von den Neuen aus e«, antwortet Ansgar und rührt ein weiteres Mal Charlottes Sojasprossensalat um. Damit die Blätter nicht braun werden.
»Ach so«, sagt Gaby. »Sieht so aus, als wollten die nichts mit uns zu tun haben.«
›Uns‹, das ist die Grill-Gesellschaft, die sich an vielen Freitagen von Anfang März bis in den November hinein im Garten von Gaby und Thomas zusammenfindet. Was ›uns‹ verbindet: die Hausnummer, die 66 im Zaunkönigweg. Wir unterscheiden uns nur durch unterschiedliche kleine Buchstaben an unseren

Eingängen voneinander. Das ist nun mal so bei Reihenhäusern.
Charlotte und Ansgar wohnen mit den Zwillingen Jonas und Tobias in a, Gaby und Thomas in b, Hilde gemeinsam mit ihrem Sohn Harry in c. Harry ist irgendwas zwischen dreißig und fünfzig, manche sagen, er sei zurückgeblieben, andere behaupten, er habe bloß den Zeitpunkt verpasst, rechtzeitig auszuziehen. In d leben meine Frau Barbara und ich – und in e ist eben vor wenigen Tagen dieses Paar schwer definierbaren Alters eingezogen.
Eine weitere Bewohnerin des Zaunkönigwegs 66 hockt auf meinem Schoß und lässt sich von mir streicheln: Das ist die Katzendame Xenia, die sich in allen Eingängen von a bis e gleichermaßen zuhause fühlt und meines Wissens länger hier wohnt als wir alle zusammen. Sehr wahrscheinlich ist sie bestens über die Neulinge aus e informiert, aber sie hüllt sich in vielschnurriges Schweigen.
»Vielleicht kommen sie ja auch noch«, sage ich und ziehe damit skeptische Blicke auf mich. Thomas zieht gar die Stirn in tiefe Furchen, das ist nicht gut, mit dem will ich es mir auf gar keinen Fall verscherzen. Der hat ein Sky-Abo. Vielleicht strengt ihn aber auch bloß der Kampf seines Kiefers mit dem Schweinenacken an.
»Die haben es ja auch nicht für nötig gehalten, mal zu klingeln und sich vorzustellen«, meint Gaby, die gerade das erkaltete restliche Grillgut vom Rost auf die Porzellanplatte schichtet.

»Dabei wäre so ein geselliger Abend doch eigentlich die ideale Gelegenheit, sich ungezwungen kennenzulernen«, findet Ansgar.
»Wir beißen doch niemanden«, ergänzt Charlotte.
»Hat die denn überhaupt jemand eingeladen?«, fragt Barbara.
Die Runde verstummt. Wir tauschen erstaunte Blicke aus, Kopfschütteln und Schulterzucken.
»Also, wir hatten so viel mit der Ausrichtung der Solarzellen auf unserem Heizpilz zu tun, da konnten wir uns nicht auch noch um die Neuen kümmern«, entschuldigt sich Ansgar.
»Vielleicht hätten wir ihnen einfach einen Zettel in den Briefkasten werfen sollen«, sagt Barbara.
»Papperlapapp. Wenn die sich intrigieren wollen, dann müssen sie von selbst den Hintern hochkriegen!«, verkündet Thomas und schiebt sich den letzten Brocken Schweinenacken unter den Schnauzer.
Gaby stellt die Platte mit dem kalten Grillgut auf den Tisch und sagt: »Man muss denen wirklich nicht noch 'ne Extrawurst braten.«
»Das wäre ja auch noch schöner!«, pflichtet Hilde bei und schaufelt drei Bratwürste von der Resteplatte auf Harrys Teller.
Der Sohnemann bedankt sich mit einem Grinsen. Reden ist nicht seine Stärke. Er greift sich eine senfgelbe Kunststoffflasche, schüttelt sie kräftig, bringt sie über den Bratwürsten in Position. Senkrecht, mit der Öffnung nach unten. Dann drückt er zu. Drückt und drückt. Ob er es den Würsten leichter machen

will, indem er sie ertränkt, bevor er sie zerfleischt? Als die Senfflasche ein flehentliches Furzgeräusch ausstößt, lässt Harry von ihr ab und macht sich über die Würstchen her. Im selben Moment fragt Ansgar Charlotte: »Soll ich mal nach den Kindern sehen?«
»Ach nein, lass die in Ruhe ihren Film schauen«, antwortet Charlotte.
»Dürfen die beide heute Fernsehen gucken?«, staunt Barbara. Sie kann sich diese kleine Spitze gegen die a-Bewohner erlauben, schließlich hat sie als Einzige von Charlottes Sojasprossensalat gegessen.
»Wir lassen sie die ›Vorstadtkrokodile‹ schauen«, erwidert Ansgar. »Da lernen sie was über den sozialen Zusammenhalt in einer Gruppe.«
Die beiden ahnen nichts von der kleinen Programmänderung, die ihre Zwillinge vorgenommen haben dürften. Ich habe den Jungs nämlich kürzlich zum zehnten Geburtstag heimlich ihren größten Wunsch erfüllt und ihnen die ersten Staffel von ‚The Walking Dead' geschenkt. Damit sie auf dem Schulhof endlich mal mitreden können.
»Ihr könnt mir sagen, was ihr wollt, die Neuen halten sich für was Besseres mit ihrem Reihenendhaus«, meint Gaby über die Schulter hinweg, denn sie dampft gerade mit einem Tablett voll schmutzigem Geschirr Richtung Haus ab.
Weil Reihenendhausbesitzer mehr Licht, mehr Rasen und obendrein den einen oder anderen Quadratmeter an zusätzlicher Wohnfläche haben, geraten sie bei Normalo-Reihenhäuslern leicht in den Verdacht,

Großkotze zu sein. Benno, der vormalige Bewohner von e, war über jeglichen Verdacht erhaben, ließ er doch Freitag für Freitag einen Kasten Bier und reichlich Kuchen zum Nachtisch springen. Leider hat Benno vor ein paar Monaten das eine Kotelett zu viel gegessen und ist einfach geplatzt, so dass sich seine Eingeweide hinterher ziemlich gleichmäßig über die Gärten a bis e verteilten. Seither stand das Reihenendhaus e leer.

»Da kann man sich schon mal fragen, wo so ein junges Paar das Geld her hat, um sich so etwas leisten zu können.«, meint Hilde.

»Bestimmt von irgend so einem Scheich. Der Mann hat doch so 'nen komischen Teng, so dunkel«, sagt Thomas. »Wahrscheinlich sind das Libanesen oder Iraner oder irgendwelche anderen Araber.«

»Moslems? Gott bewahre!«, ruft Hilde aus und lässt vor Schreck beinahe die Resteplatte fallen. Die letzten vier Würstchen purzeln deshalb ziemlich unkontrolliert auf Harrys Teller und bringen das Türmchen zum Einsturz, das Harry im Laufe des Abends aus den vegetarischen Bestandteilen seiner Schaschliks errichtet hat. Die Katzendame Xenia auf meinem Schoß hofft vergeblich auf einen Abpraller, denn Harry spießt eine davonkullernde Wurst mit seiner Gabel auf. Und dann sagt Harry plötzlich etwas, das erste Mal in dieser Grillsaison:

»Lieber gemäßigte Moslems als militante Veganer.«

»Das sind keine Muslime«, weiß Charlotte. »Ich hab gestern bei denen im Papiermüll eine Pappschachtel vom Lieferservice gefunden, da war noch ein Stück Salami-Pizza drin. Muslime essen kein Schwein.«

»War ja vielleicht Rinder-Salami«, sage ich todernst. Barbara straft mich dafür unterm Tisch mit einem Tritt gegens Schienbein.

»Ganz genau«, poltert Thomas. »Diese religiösen Fanatiker verstellen sich doch immer raffinierter. Deshalb trägt die Frau ja auch kein Kopftuch. Alles Tarnung. Ich sag euch was: Die sprengen sich nicht mehr in die Luft, die kommen hierher, studieren von unseren Steuern irgendwas mit Computern und dann legen die irgendwann unsere gesamte Info-Struktur lahm. Was meint ihr, warum dieser Flughafen in Berlin ewig nicht fertig wird?«

»Weil die Neuen aus e ihn lahmlegen?«, fragt Ansgar skeptisch.

»Naja, ob die es selbst waren oder sonst irgendwer von der Sorte ist doch wurscht. Es geht ums Prinzip.«

»Das eigentlich Ungeheuerliche ist doch, dass die es nicht für nötig halten, ordentlich ihren Müll zu trennen. Pizza gehört eindeutig in den Bio-Müll!«, schimpft Charlotte.

»Sag mal, durchwühlst du ernsthaft den Müll der Neuen?«, will Barbara wissen.

»Auf die Art kriegt man einfach am meisten über sie raus. Sage mir, wie du deinen Müll trennst – und ich sage dir, wer du bist«, verkündet Charlotte.

»Können die überhaupt richtig deutsch?«, fragt Thomas mich. »Ihr müsst das doch wissen, ihr wohnt doch Wand an Wand mit denen!«

Uff, jetzt brauche ich fix eine diplomatische Antwort, wenn ich nachher keinen Ärger mit Barbara haben und trotzdem morgen Bundesliga bei Thomas gucken will.

»Guten Tag sagen können sie jedenfalls ohne Probleme«, sage ich vage.

»Naja, das heißt nix, das lernen die in der ersten Stunde in ihrem Sprachkursus«, behauptet Thomas.

Barbara schüttelt den Kopf. »Vielleicht gehören die einfach zu dem Typus übermotivierte Migranten, die sich extrem anpassen wollen und gerade deshalb in ein gutbürgerliches Reihenhaus ziehen.«

»Übermultiviert? Dass ich nicht lache!«, sagt Thomas und lacht nicht. »Im Gegenteil. Wenn die jetzt schon Reihenhäuser kaufen, dann haben wir hier bald gar nichts mehr zu sagen. Die machen das schlauer als damals die Maurer in Spanien. Oder die Türken 1638 vor Wien. Die überwuchern uns langsam.«

»Auf jeden Fall wohnen die schon fast eine ganze Woche hier und haben noch nicht ein Mal ihren Rasen gemäht«, mische ich mich ein, bloß um ganz sicher zu gehen, dass ich morgen nicht extra in die Kneipe wackeln muss, wenn Fußball schauen will. Barbaras zweiter Tritt lässt nicht lange auf sich warten.

»Will jemand einen Raki?« fragt Gaby, auf deren Tablett jetzt eine Schnapsflasche und ein Haufen kleiner Gläser stehen.

Allgemeines Nicken in der Runde, nur Ansgar hebt abwehrend die Hände: »Nee, sorry, ich muss den Kindern nachher noch was vorlesen.«

Auch Harry ist nicht ganz bei der Sache. Er hat das allerletzte Stückchen Wurst auf seine Gabel gespießt und fährt damit gedankenverloren in der orangenen Senf-Ketchup-Melange auf seinem Teller spazieren.
»Seit 35 Jahren sage ich dir, dass man mit Lebensmitteln nicht spielt, Harald!«, schimpft Hilde. »Iss' ordentlich auf, sonst ist das arme Schwein ganz umsonst gestorben.«
»Pferd«, antwortet Harald. »Eindeutig Pferd.«
»Dann hätten wir denen von e ja so'n Würstchen aufheben können!«, feixt Thomas und erhebt seinen Raki. Als wir hoch über dem Tisch anstoßen, ertönt nicht nur das Klingen der Gläser, sondern fast gleichzeitig, aber sehr leise, weil aus einiger Entfernung eine kleine Glocken-Melodie. Horch, was kommt von draußen rein. Das ist die Türklingel von Thomas und Gaby.
Die Runde erstarrt. Keiner sagt was, niemand trinkt. Thomas löst sich als Erster aus der Schockstarre.
»Mach mal auf, Gaby!«
»Wieso ich? Du sagst doch immer, dass du der Herr im Haus bist«, patzt Gaby zurück.
Die beiden liefern sich ein kurzes, heftiges Blickduell, in dem Thomas den Kürzeren zieht. Hastig kippt er seinen Raki und stapft murrend Richtung Terrassentür davon.
Wir Sitzenbleiber folgen dem Vorbild des unterlegenen Hausherren und leeren die Gläser. Während sich der Raki langsam und gewissenhaft unsere Speiseröhren abwärts ätzt, entsteht eine unangenehme Stil-

le. Smalltalk mit den Neuen bei vollem Bauch, darauf legt niemand mehr großen Wert heute Abend.
Just in dem Moment, da sich in meinem Magen der Schnaps mit den gesättigten Fettsäuren anzulegen beginnt, schallt es zweistimmig von der Terrassentür herüber:
»Guten Abend zusammen!«
Da sind sie, die Neulinge aus e. Und sie sind nicht allein gekommen. Am rechten Arm des Neuen schlenkert ein Kasten Bier, seine Frau hat eine Kuchenplatte vor der Brust.
»Der freundliche Herr von nebenan hat uns gesagt, dass Sie hier freitags immer grillen!« Die Neue balanciert die Kuchenplatte vorübergehend auf einer Hand, um mit der anderen auf mich zeigen zu können. Die gesamte Nachbarschaft schaut mich an. Wenn Blicke Zwangsräumungen durchführen könnten, müsste ich ab sofort unter der Brücke schlafen.
»Ja, und wir dachten uns, so ein geselliger Abend wäre doch eigentlich eine ideale Gelegenheit, sich ungezwungen kennenzulernen!«
Mit diesen Worten des Neuen nehmen er und seine Gattin Kurs auf uns. Thomas folgt in gewissem Abstand, sein Blick ist um 45 Grad gesenkt. Ich kann nicht genau erkennen, ob er auf den Bierkasten oder auf den Hintern der neuen Nachbarin starrt.
»Ich hoffe, wir stören nicht!«, sagt die Neue und platziert ihre Kuchengabe auf dem Tisch neben der Resteplatte, auf der nur noch der gegrillte Mais und die Auberginen vor sich hin vegetieren.

»Aber wo denken Sie hin!«, erwidert Thomas und rückt ihr einen Stuhl zurecht. Ich mache mich ebenfalls nützlich, nehme dem Neuen den Bierkasten ab und gleich eine Flasche raus. Schön kalt ist die. Sie wissen also, was sich gehört, die neuen Nachbarn!
Der Neue bedient sich ebenfalls, stößt mit mir an, nimmt einen kräftigen Schluck und sagt dann sehr aufgeräumt: »Unterrichten macht durstig!«
Charlotte horcht auf. »Was unterrichten Sie denn?«
»Deutsch als Fremdsprache.«
»Aha«, entfährt es Hilde verwundert »Wo kommen Sie denn her?«
»Wir waren noch im Baumarkt. Wir haben so lange gebraucht, weil die Auswahl an Rasenmähern so überwältigend war«, sagt die Neue.
»Nein, ich meine, wo sie herstammen?«
»Ach so, wir kommen aus Schkopau.«
»Ah, aus der Ukraine!«, stellt Thomas fest.
»Sachsen-Anhalt«, korrigiert der Neue.
»Immerhin«, meint Thomas versöhnlich.
»Die Ossis sind ja auch längst nicht mehr so schlimm wie früher, finde ich«, sagt Gaby.
Jetzt schauen die Neuen ein bisschen pikiert, doch Thomas platzt mit frischer guter Laune dazwischen: »Wollen wir nicht Du sagen? So unter Nachbarn?«
»Warum nicht? Meine Frau ist die Mandy«, sagt der Neue und zeigt auf die Neue, »und ich bin der Rocco!«
»Rocco?«, wundert sich Thomas. »Dann sind Sie Franzose?«

»Nein, aber mein Vater stammt aus Algerien.«
»Ah, deshalb sehen Sie auch so aus wie ein…«
Hilde stoppt mitten im Satz und schaut sich hilfesuchend nach einem Souffleur um, der sie mit einem harmlosen Satzende rettet.
»Wie ein Schwippschwager von Sami Khedira«, springe ich gnädig ein und werde dafür von Barbara unter dem Tisch mit der Fußsohle am Schienbein gestreichelt. Auch Ansgar und Charlotte gucken erleichtert.
»Ja, genau«, antwortet Rocco und grinst. »Ich warte jeden Tag auf einen Anruf von Real Madrid.«
Großes Gelächter kreist jetzt um den Tisch, mit der nächsten Runde Raki sind Rocco und Mandy in den Zaunkönigweg 66 eingemeindet. Mandy lässt Kuchen springen und guckt nur kurz irritiert, als Ansgar eine Portion Sojasprossensalat vorzieht und Harry sein Stück Kuchen in Senf tunkt. Und als Gaby dann auch noch Mandy nach dem Kuchenrezept fragt und Xenia sich auf Roccos Schoß niederlässt, ist das nachbarschaftliche Glück perfekt.
»Wir haben schon ein schönes Fleckchen Erde hier«, sagt Rocco schließlich, als er sein zweites Bier öffnet, doch dann verfinstert sich plötzlich sein Gesichtsausdruck. »Aber habt ihr gesehen, wer da gestern in 67a eingezogen ist?«

Durchfresser

Endlich war es soweit.
Wir würden uns holen, was uns zustand. Unser Vorhaben mochten Staatsanwälte einen bewaffneten Raubüberfall nennen. Wir nannten es: Selbstbedienung. Die Vorbereitungen für unseren Coup waren wie am Schnürchen gelaufen. Selbst die heikle Nummer im Sexshop war reibungslos über die Bühne gegangen – dank der Mithilfe von Sozialarbeiterin Sonja. Die hatte auf unsere Bitte hin zwei Tage zuvor ihren selbstverleugnungsfarbenen Schlabberpulli im Kleiderschrank gelassen, war in einem engen roten T-Shirt in den Sexshop spaziert und hatte den Verkäufer in die Dessousabteilung gelockt, sodass Hein Bock und ich in aller Ruhe fünf Paar Handschellen hatten klauen können.
Natürlich war die Gefälligkeit von Sozialarbeiterin Sonja nicht ohne Gegenleistung zu haben gewesen. Wir hatten ihr versprechen müssen, bei der nächsten Weihnachtsfeier im Café Homeless bis zur Bescherung durch die Sozialdezernentin der Stadt kollektiv nüchtern zu bleiben.
Für das eigentliche Selbstbedienungskommando hatte es viele Freiwillige in unseren Reihen gegeben, so ließ sich problemlos eine schlagkräftige Truppe zusammenstellen.

Als Mann fürs Grobe hatten wir Hein Bock dabei, den Seemann und Quartalscholeriker, nach dem in der Davidswache auf St. Pauli eine Ausnüchterungszelle benannt sein soll. Ebenso unverzichtbar war Fluppe, der nichtrauchende Punk, seines Zeichens schnellster Ladendieb der Stadt. Um das zu beweisen, hat er schon vor längerer Zeit in einem Sportgeschäft eine Stoppuhr geklaut – und dann für die ersten hundert Meter Fluchtweg eigenhändig gestoppte elfeinhalb Sekunden gebraucht. Eine bemerkenswerte Zeit, bedenkt man, dass er seinen Irokesen wenig windschnittig trug, nämlich quer, von Ohr zu Ohr.
Für das ideologische Fundament unseres Unternehmens sorgte Betty. Sie war in den 70ern schon mal so gut wie Lehrerin gewesen, aber dann kam raus, dass sie Marx und Lenin, und in ihren feuchten Träumen auch Stalin viel lieber mochte als Helmut Schmidt. Da wurde es dann nichts mit dem Lehrerinnensein. Als dann '89 die Ostberliner Kreml-Filiale dichtmachte, da verlor die Betty den Glauben an die Menschheit und ging in den Untergrund. Seitdem schlief sie unter der Rosa Luxemburg-Brücke.
Als Lastwagenlenker sollte Starkstrom-Harry fungieren, Bettys bester Freund. Harry hatte mal eine kleine Firma besessen, die ein Baulöwe bei seiner Pleite mit in den Abgrund riss. Hatte Harry eine Menge Aufträge erledigen lassen und ihm dann keinen Pfennig gezahlt. Tatsächlich keinen Pfennig, so lang ist das schon her. Harry war damals zur Villa des Baulöwen gefahren und hatte ihm alle Autoreifen zerstochen,

36 insgesamt. Hinterher war das Messer so stumpf gewesen, dass er sich nicht mehr die Pulsadern damit hatte aufschneiden können. Da hat er halt mit dem Trinken angefangen und kurz danach mit dem Wohnen aufgehört.

Ich selbst studierte im 54. Semester Philosophie und Politische Ökonomie. War damals drauf und dran, den Kampf gegen die drohende Zwangsexmatrikulation zu gewinnen, verlor aber im Laufe der kostspieligen Instanzen leider mein Dach über dem Kopf. Immerhin hatte ich damals schon alle Fußnoten für meine Magisterarbeit beisammen.

Hein Bock, Fluppe, Betty, Harry und ich – wir würden dieses Ding durchziehen. Wir würden uns die guten, die teuren, die frischen Sachen holen.

Ein gewaltiges Scheppern war für uns das Signal, hinter dem Altglascontainer in Deckung zu gehen. Das schwere Eisentor der Warenannahme rumpelte auf, und heraus traten unsere vier Gegner, allesamt in blauen T-Shirts mit der grellgelben Aufschrift:Lebensmittel sind unsere Leidenschaft.

Allen voran schritt Filialleiter Wurster, minimum zwei Zentner geballte Despotie, gefolgt von den beiden Auszubildenden Justin und Marvin. Zuletzt erschien Frau Aschenbrenner, Wursters linke Hand, eine notorisch übel gelaunte Bohnenstange, die verfügt hatte, dass Beträge über 10 Euro nicht mehr ausschließlich in Kupfer bezahlt werden durften.

Das Fass zum Überlaufen gebracht hatte Wurster höchstpersönlich, indem er Hein Bock eine Flasche

Schnaps versprach, wenn der sich mit ihm vor die Kamera eines Pressefritzen stellen und dabei einen prallvollen Fresskorb umarmen würde.
Kaum war der Zeitungsheini weg gewesen, hatte Wurster den Fresskorb wieder einkassiert und Hein zum Dank einen Flachmann Mariacron light in die Hand gedrückt. Am nächsten Tag stand in der Zeitung, was für ein großes Herz für Nichtsesshafte Supermarktchef Wurster und sein Team doch hätten. Kein Wort davon, dass er höchstens mal längst abgelaufene Konserven, angegammeltes Obst und welken Salat vor den Hinterausgang seines Supermarktes kippen ließ.
Endlich rollte der blaue Lebensmittel-LKW auf den leeren Parkplatz. Als er vor der Laderampe der Warenannahme zum Stehen kam, schlugen wir los. Fluppe spurtete vorweg, Starkstrom-Harry humpelte mit seinem offenen Bein hinterdrein.
»Was soll das denn werden? Seit wann fallt Ihr so früh morgens aus der sozialen Hängematte? Wollt Ihr euch schon wieder auf meine Kosten durchfressen?«, blökte uns Filialleiter Wurster entgegen.
Ich zog die Pistole aus meinem Mantel und sagte ganz ruhig das, was man in solchen Situationen halt so sagt: »Überfall, Hände hoch, wird's bald.«
Wurster antwortete kleinlaut:
»Nicht schießen. Der Tresor ist leer.«
»Sach bloß!«
Mit einem Satz war Hein Bock auf der Laderampe und baute sich drohend vor dem Filialleiter auf.

Schon hob er seine Hand über die linke Schulter, um Schwung für eine fulminante Rückhandohrfeige zu gewinnen.

»We schieten op dein Tresor!«

»Keine unnütze Gewalt!«, ermahnte ich Hein.

Gesagt, gelassen. Hein Bock griff stattdessen dem kreidebleichen LKW-Fahrer in die Jackentasche und warf Fluppe den erbeuteten Schlüssel zu. Der schloss den Laster auf und hievte den lahmen Starkstrom-Harry per Räuberleiter auf den Fahrersitz.

Unterdessen hatte die zahnlose Betty den Angestellten die Handys abgenommen. Mit gekonntem Nackengriff bugsierte Hein Bock nun einen nach dem anderen zum Rampenrand. Eine Handschelle um das Geländer, die andere ums Handgelenk, klickklack, so einfach war das. Als schließlich der Filialleiter an die Reihe kam, passierte es doch noch: Hein Bock drehte durch. Wurster bog den Kopf zur Seite, um sich dem Nackengriff zu entziehen, woraufhin ihm Hein mit beachtlicher Vehemenz in die Eier trat. Einmal für den wiedereinkassierten Fresskorb, ein zweites Mal für den Mini-Mariacron light. Beim dritten Tritt bekam der zusammengekrümmte Wurster irgendwie Heins Fuß zu fassen und brachte den ganzen Kerl zu Fall. Im nächsten Moment war eine derbe Keilerei mit ungewissem Ende im Gange.

Ausgerechnet die zahnlose Betty kam Hein Bock zu Hilfe. Sie warf sich auf Wurster und biss ihm in den Hals. Mit allenfalls drei Zahnstümpfen im Maul war das natürlich kein richtiges Beißen, aber Betty

lutschte derart unnachgiebig an der Schlagader des Filialleiters, dass der vor Schmerz jaulend vom verdutzten Hein Bock abließ.
Nun waren alle Lebensmittelliebhaber außer Gefecht gesetzt. Fluppe hatte zwischenzeitlich die Ladeluke des LKW heruntergelassen, hinter der all die Köstlichkeiten auf uns warteten. Plötzlich hörte man Hein Bocks donnernden Bass:
»Wat deit he denn?«
Er zeigte mit ausgestrecktem Arm auf das offene Tor der Warenannahme. Da lehnte Kevin, der dritte Auszubildende im Bunde und hielt seelenruhig sein Handy auf uns gerichtet. Als er jedoch auf seinem Display sah, dass Hein Bock sich die Ärmel hochkrempelte, da nahm er reißaus, hinein in den Supermarkt. Auf so eine Gelegenheit hatte Fluppe nur gewartet, sofort sprintete er Kevin hinterher. Nach wenigen Sekunden hörte man es aus dem Markt scheppern, splittern, schreien, röcheln. Da zog eindeutig jemand den Kürzeren. Aber wer?
Es vergingen keine zwei Minuten, dann erschien Fluppe im Wareneingangstor. Er hatte sich einen Zacken aus dem Irokesen gebrochen, aber in seiner triumphierend erhobenen rechten Hand hielt er Kevins Handy. Kevins Kopf steckte im Schwitzkasten unter Fluppes linkem Arm. Und nun bewährte es sich, dass wir ein fünftes Paar Handschellen hatten mitgehen lassen. Kevins Handy steckte ich für alle Fälle ein, die Handys der anderen Angestellten wanderten in den Biomüllcontainer.

Der Supermarkt würde um 8 Uhr öffnen, wir hatten also eine knappe Stunde Vorsprung. Da blieb auf jeden Fall noch eine Minute Zeit, in den Laderaum des Lasters hineinzustaunen. Frisches Obst und Gemüse, Feinkost aus aller Damen und Herren Länder, Seifen für jeden einzelnen Körperteil und, ja, auch der eine oder andere Karton hochprozentigen Inhalts – das war unsere Beute.

Genug der Vorfreude, wir machten uns aus dem Staub. Um halb acht sollte die Vollversammlung unter Bettys Rosa Luxemburg-Brücke steigen. Dort würden wir das Zeug verteilen. Um acht konnten die Bullen dann den leeren Laster wiederhaben, wenn sie wollten. Bevor ich zu Harry ins Fahrerhaus stieg, richtete ich noch ein paar Worte an die angeketteten Lebensmittelliebhaber in den blauen T-Shirts:

»Dass wir uns verstehen: Sie sind von drei schwerbewaffneten, vermummten Männern mit osteuropäischem Akzent überfallen worden. Wenn ich morgen was anderes in der Zeitung lese, dann steht übermorgen im selben Käseblatt die Story vom Supermarktchef, der Schnaps an alkoholabhängige Obdachlose verschenkt.«

Um meinen Worten Nachdruck zu verleihen, zielte ich mit der Pistole auf Filialleiter Wurster und drückte ab. Eine Ladung Mariacron light ins Gesicht hat er sich allemal verdient.

Drei Jahre ist unser Selbstbedienungscoup inzwischen her. Die Polizei hat keine großen Anstrengun-

gen unternommen, den Fall aufzuklären. Gegen die organisierte Kriminalität aus Osteuropa ließe sich kaum etwas ausrichten, hieß es. In der Selbsthilfe-Küche des Café Homeless roch es damals eine ganze Weile wie in einem Gourmettempel, immer dann, wenn Hein Bock den Kochlöffel schwang und feinste Zutaten verarbeitete.
Tja, und dann ist da noch die Geschichte mit dem Film auf Kevins Handy. Den habe ich kurz nach dem Coup Sozialarbeiterin Sonja gezeigt, damit sie sehen konnte, dass wir mit den Handschellen keine Sauereien angestellt hatten. Die hat das Filmchen ihrer Mitbewohnerin gezeigt, die ein Verhältnis mit einem Typen vom Fernsehsender Arte hatte. Kurz danach haben die von Arte uns eine hübsche kleine Stange Geld gezahlt, damit sie aus Kevins Filmchen einen richtigen Film machen durften. Der lief später dann auch im Ersten, mittwochs, zur besten Problemfilmsendezeit. Und dann kam dieser Produzent und lud mich nach L.A. ein. Und was soll ich sagen? Seit einiger Zeit schwimmen wir in der Kohle aus den Filmrechten, Hein Bock, Betty, Fluppe, Harry und ich.
Hein Bock kaufte sich von seinem Anteil eine kleine Segelyacht und ist von Harlesiel aus in See gestochen. Fluppe hat seinen Querirokesen gerodet und ein Fortbildungszentrum für Trickdiebe eröffnet. Firmenmotto: *Shoplifters of the world, unite and take over!*
Die zahnlose Betty hat für sich, Harry und all ihre Genossen eine kleine, feine Wohncontainer-Anlage

unter der Rosa Luxemburg-Brücke errichten lassen. Obendrein noch ein schickes kleines Politbüro, von dem aus sie die ganze Anlage regiert. Harry zweigt beständig in der Umgebung mal hier, mal da Strom für die Container ab. Rechtens ist das natürlich nicht, wie eigentlich die ganze Anlage im Illegalen blüht. Aber Betty hat ihren Anteil so clever angelegt, dass die Zinsen genug Schmiergelder für alle relevanten Stellen der Stadtverwaltung abwerfen.

Und ich? Nun ja, ich wohne neuerdings wieder, und das sogar ganz gediegen. Außerdem schreibe ich jetzt endlich meine Magisterarbeit zu Ende. Lasse schreiben, besser gesagt, denn ich habe einen Doktoranden als Ghostwriter engagiert, so einen ganz akribischen Hegelianer. Ein Hungerleider ist das, offenkundig ziemlich in Not, denn sonst hätte er sich wohl kaum darauf eingelassen, dass er sein Honorar nur im Erfolgsfall bekommt. Ganz leer lasse ich ihn bis dahin nicht ausgehen, versteht sich. Ab und zu darf er sich in meinen Kühlschrank bedienen, aber natürlich nicht so oft. Sonst kommt er ja nur noch her, um sich auf meine Kosten durchzufressen.

Dylan-Scheibe, originalverpackt

Hurra, es ist Samstagvormittag! Alle Menschen haben ausgeschlafen, vielleicht ein Bad genommen, möglicherweise sogar zu zweit, haben auf jeden Fall gemütlich gefrühstückt, und nun sind sie aufgebrochen zum ersten Höhepunkt des Wochenendes, dem samstäglichen Einkaufsbummel. Kann es etwas Schöneres geben?
Für mich persönlich schon. Denn ich bummele nicht, nein, ich gehöre zur Minderheit derer, die bebummelt werden. Bin um kurz nach sieben aufgestanden und stehe seit kurz vor neun in einem Elektrosupermarkt hinter der Informationstheke der sogenannten Entertainment-Abteilung.
Aber was beschwere ich mich eigentlich? Wer so blöd ist wie ich, erfolgreich brotlose Wissenschaften studiert und obendrein nicht mal einen Führerschein hat, um klischeegerecht Taxi zu fahren, der darf samstags eben nicht ausschlafen, sondern muss ein fieses blaues Hemd anziehen und bis 20 Uhr Kaufmannsladen spielen. Zugegebenermaßen habe ich mich lange an die These geklammert, dass Scheitern zumindest jung hält, aber seit die Azubis in unserem Laden sich weigern, mich zu duzen, bin ich um eine Illusion ärmer.

Immerhin bin ich nicht der einzige, dessen Stimmung sich eher auf Montagmorgen-nach-Jahresurlaub-Niveau befindet. Vor mir steht ein spätmittelalter Typ, dessen Edelbittermiene von einem feinen Grauschleier überzogen ist. Er trägt eine schlammfarbene Allwetterjacke, dazu den Haarkranz mittellang. Ich kenne ihn nicht, aber ich weiß trotzdem sofort, was er will. Und nicht nur das: Ich weiß auch genau, wie er seinen Wunsch formulieren wird. Er wird fragen:
»Haben Sie schon die neue Dylan-Scheibe?«
Nicht Dylan-CD wird er sagen, auch nicht Dylan-Platte oder Dylan-Album, nein Dylan-Scheibe, so als habe Bob, der Bardenmeister für ihn persönlich eine besonders schöne runde Portion vom Laib seines Musikschaffens abgeschnitten.

Woher ich das weiß? Ganz einfach: Ich bin Plattenverkäufer, oder, wie man heutzutage sagt: »Fachberater Tonträger« – und das schon seit 15 Kuschelrocks. Als ich anfing, da war gerade Kuschelrock Nr. 13 erschienen, inzwischen schreiben wir Kuschelrock 31. Unter dem Namen »Kuschelrock« erscheint jedes Jahr im Herbst eine Doppel-CD mit einer geballten Ladung Pop-Schnulzen, die wenige Wochen später hunderttausendfach unter deutschen Christbäumen landet. Glaubt man dem Cannstatter Institut für empirische Sozialmutmaßungen, dann besitzen zwei Drittel aller Haushalte in diesem Land eine Kuschelrock-CD, wobei zwei Drittel dieser zwei Drittel ihr

Exemplar in irgendeiner Schublade verschwinden lassen, sobald Besuch an der Tür klingelt.
Mittlerweile gibt es auch Kuscheljazz und Kuschelklassik. Kuschel-Metal oder Kuschel-Ska gibt es leider noch nicht. Die Krönung wäre natürlich Kuschel-Punk. Auf der müsste Should *I stay or should I go* von The Clash drauf sein, und als letztes Stück auf CD 2 unbedingt *Too drunk to fuck* von den Dead Kennedys. So eine Kuschelpunk-CD würde am Heiligen Abend sicher viel Freude unter deutschen Weihnachtbäumen verbreiten.
Im Laufe von 18 Kuschelrocks habe ich meine Plattenheimer so gut kennengelernt, dass ich genau weiß: Die Spaßbremse in der graubraungrünen Allwetterjacke wird sich des Jugend-Jargons der späten Steinzeit bedienen und nach der neuen Dylan-Scheibe fragen. Natürlich klappt diese Ferndiagnostik nicht nur bei alternden Dylan-Jüngern. Taucht ein Milchgesicht mit umgekehrt aufgesetzter Basecap, Jeans auf Halbmast und massiven testosteronbedingten Sprechstörungen auf, dann weiß ich im voraus: Der will »Albums von Kollegah, Haftbefehl und Celo und Abdi«. Mittzwanziger mit Umhängetasche verlangen nach *Knalltüten*, dem neuen Tonträger des Songwriters Nicolai Köppel und verwenden dabei in einem Satz dreimal das Wort Label. Diese Sorte trägt neuerdings Vollbart, aber das legt sich in ein bis zwei Kuschelrocks wieder.
Naja, und dann gibt es eben diesen Typus Dylan-Scheiben-Käufer. An seiner immer leicht

weltschmerzverzerrten Kennermiene kann man bereits aus einiger Entfernung einen unausgesprochenen Vorwurf ablesen, der da lautet:
‚Eigentlich lehne ich es schon wegen der aggressiven Werbung prinzipiell ab, in einem Elektro-Supermarkt wie diesem hier einzukaufen, aber gewisse Sonderangebote zwingen mich dazu, Ausnahmen zu machen.'
Heute Vormittag steht also wieder so ein Prachtexemplar beleidigte Dylan-Wurst vor mir. Ganz wie erwartet fragt es nach der neuen Dylan-Scheibe – um dann hinzuzufügen: »Dylan mit y.«
»Scheißbesserwisser mit sieben s«, möchte ich ihm gern antworten, »drei in Scheiß, zwei in besser, zwei in wisser«, atme aber bloß tief durch und installiere ein Lächeln auf meinem Gesicht.
»Natürlich haben wir die«, erwidere ich, »und sogar die Special Edition, die bisher unveröffentlichtes Material der Neverland-Sessions enthält.«
Die beleidigte Dylan-Wurst stutzt.
»Neverland-Sessions?«
»Ja, klar, die Neverland-Sessions«, bestätige ich freundlich, »das sind fünf Songs, die Dylan Mitte der 80er Jahre mit Michael Jackson beim Barbecue auf dessen sagenumwobener Ranch aufgenommen hat.«
»Michael *Jackson*?«, Der Grauschleier auf dem Gesicht der Dylan-Wurst kriegt plötzlich einen Stich ins Grünliche.
»Ja, Michael Jackson. Dylan hat in den 80ern des öfteren mit Jackson zusammengearbeitet. Aber das

muss ich Ihnen als Dylan-Kenner doch sicher nicht sagen. Sie wissen ja bestimmt auch, dass Dylan das berühmte Beat it-Gitarrensolo eingespielt hat.«
Der Dylan-Freund braucht zwei, drei Sekunden, bis er seine verrutschte Kennermiene restauriert hat. Dann sagt er: »Ja, natürlich, Dylans famoses Beat it-Solo! Wer wüsste das nicht!«
Damit steht fest: Er hat absolut keine Ahnung.
Es ist selbstredend kompletter Unfug, dass Dylan und Jackson zusammen gejammt haben sollen. Michael Jackson hätte Dylans Gequäke sicher keine zwei Minuten ertragen und Dylan von Jacksons infantilem Gehabe noch schlechtere Laune bekommen als die, die er ohnehin konstant hat.
Natürlich wird dem Dylan-Jünger daheim bei einer Johannisbeersaftschorle und genauem Durchlesen des Booklets dämmern, welchem Humbug er da aufgesessen ist, aber noch natürlicher kann er nicht wiederkommen und sich beschweren, denn dann müsste er ja seine Kennermiene zuhause lassen.
Etwas Derartiges scheint ihm zu schwanen, denn er wechselt rubbeldenbob das Thema. Klappt die CD auf und wieder zu und fragt:
»Haben Sie die auch noch originalverpackt?«
»Nein«, antworte ich, »die CDs sind vom Plattenvertrieb ohne Plastikfolie geliefert worden.«
»Hm«, macht der Möchtegern-Dylan-Kenner. Diesmal glaubt er mir nicht so einfach.
Auch in unserem säkularen Zeitalter muss der Mensch an etwas glauben. Schwor er früher Stein

nebst Bein auf die unbefleckte Empfängnis inklusive jungfräulicher Geburt, so ist ihm heute die Unversehrtheit der Originalverpackung heilig. Setz seinen Sprösslingen gammelfleischhaltiges Essen vor, kipp seine Oma aus dem Rollstuhl, zünd ihm das Dach über dem Kopf an, er wird dir früher oder später verzeihen. Ritzt Du aber versehentlich ein Stück Plastikfolie an, unter dem sich sein Eigentum verbirgt, dann wird er dich einen Originalverpackungsschänder nennen, auf ewig verfluchen und noch auf dein Grab spucken. Inzwischen gibt es sogar Menschen, die beim Sex Kondome nicht aus Gründen der Verhütung benutzen, sondern weil es sich so geil nach Originalverpackung anfühlt.
Der Dylan-Jünger hat derweil die CD aus der Hülle genommen. Er kneift das linke Auge zu, hält den Tonträger ins Neonlicht und untersucht ihn mit dem rechten Auge akribisch auf Kratz- oder Schmutzspuren. Dass um ihn herum der Einkaufsbummelsamstagvormittag tobt und sich in seinem Rücken eine Schlange zu bilden beginnt, interessiert ihn nicht.
Direkt hinter ihm hat sich ein Pärchen angestellt, das mit amerikanischem Protestgenöle wenig am Hut haben dürfte. Sieht so aus, als hätten die beiden sich in einem Tattoo-Studio kennengelernt. Die Frau hat sich eine halbe Bundesgartenschau auf ihre Arme, ihren Hals und aufs Dekolleté stechen lassen, ihr Begleiter stellt einen kompletten Satz prähistorischer Großsäuger zur Schau. Der Typ ist ein obendrein wahres Muskelgebirge, vermutlich muss er sich das

viel zu enge Poloshirt heute Abend gar nicht ausziehen, sondern kann es sich durch kräftiges Einatmen einfach vom Leib sprengen. Und jede Wette, wenn er an der Reihe ist, dann wird er in Rockpalast-Lautstärke fragen:
»Hej, Meister, wo habt ihr denn die neue Rammstein versteckt?«
Noch aber ist es nicht soweit, denn die beleidigte Dylan-Wurst ist noch immer mit der Gebrauchsspurensuche beschäftigt, sehr zum Verdruss des Rammstein-Käufers. »Hat schon mal wer 'nen Kratzer in so 'ne CD reingeglotzt, Professor«, mault er.
Den Dylanscheiben-Inspektor ficht das nicht an. Immerhin hat er seine CD-Begutachtung mit dem rechten Auge abgeschlossen, kneift es nun zu, um sie mit dem linken fortzusetzen.
Herr Rammstein legt nun den Kopf schief, verschränkt die Arme vor der Brust und trommelt mit den Fingern auf seinen mächtigen Oberarmen herum. Ich ertappe mich dabei, dass ich Frau Rammstein ins Dekolleté schiele und mich frage, wie wohl die andere Hälfte der Rosenblüte ausschaut, die da leider nur halb zu sehen ist. Und ob zu der Blüte auch ein Stiel gehört und wo der wohl hinführt…
Die Dylan-Wurst reißt mich aus meinen Beobachtungen: »Sind Sie ganz sicher, dass Sie nicht noch irgendwo ein originalverpacktes Exemplar haben?«
»Vollkommen ausgeschlossen«, versichere ich – und packe kurzentschlossen die ökologisch-moralische Keule aus: »Es ist übrigens nicht besonders umwelt-

freundlich, CDs einzuschweißen. All das Plastik, wissen Sie.«
»Hörste Schatz, der Verkäufer sagt, der Professor ist 'ne Umweltsau!«, sagt Herr Rammstein triumphierend zu seiner Bundesgartenschaufrau.
»Für mein gutes Geld erwarte ich eine unversehrte CD«, beharrt der Dylan-Jünger, ohne seine Inspektion zu unterbrechen.
Ich kann mittlerweile nur noch vermuten, wo die Warteschlange endet. Wahrscheinlich irgendwo in der Kleinelektroabteilung bei den Tauchsiedern. Herr Rammstein gibt ein dumpfes Grollen von sich, während er mit der geballten rechten Faust seine linke Handinnenfläche malträtiert.
Dem Rausch der Pedanterie hingegeben, bemerkt der Dylan-Jünger den drohenden rechten Schwinger aus dem Hause Rammstein nicht. Als er schließlich aus seiner Allwetterjacke ein Brillenetui hervorholt, um seine Inspektion per Lesebrille fortzusetzen, da tippt ihm Herr Rammstein mit dem linken Zeigefinger energisch auf die Schulter.
Ich überlege kurz: Soll ich die Security rufen?
Nö, sage ich mir, jetzt wird's gerade spannend. So etwas erlebt man selbst im Laufe von 18 Kuschelrocks nicht alle Tage. »Blowin` in the wind« gegen »Bück dich, ich mach dich glücklich«. Vorsichtshalber nehme ich ein Exemplar der neuen Rammstein-CD zur Hand, um damit notfalls Herrn Rammstein besänftigen zu können. Immerhin scheint der sogar noch an einer Verhandlungslösung interessiert zu sein.

»Jetzt pass mal auf, Professor. Die CD hat keinen Kratzer, und du hast auch keinen Kratzer – noch nicht. Und damit das so bleibt, nimmst Du jetzt deine CD, gehst zur Kasse und zahlst, okay?«
Die beleidigte Dylan-Wurst schaut indigniert Herrn Rammsteins halb erhobene rechte Faust an, dann deren Befehlshaber, schließlich mich. Ich erwarte, dass er jetzt irgendeine UN-Verbraucherschutzkonvention zitiert, doch stattdessen murmelt er:
»Ich kaufe die CD doch lieber im Internet. Da ist sie sowieso einen Euro billiger und wahrscheinlich sogar originalverpackt.« Und schon im Weggehen fügt er hinzu: »Hier kann man sich ja nicht mal in Ruhe beraten lassen!«
Er marschiert an der Warteschlange entlang und biegt mit wehendem Haarkranz Richtung Mundduschen ab.
Weg ist er.
Vor mir stehen nun Herr und Frau Rammstein. Ich strecke den beiden die neue CD ihrer Lieblinge entgegen, doch statt sie freudig in Empfang zu nehmen, legt Herr Rammstein den Arm um seine Frau und fragt ganz aufgeräumt:
»Hej Meister, wo habt ihr denn die neue Kuschelrock versteckt?«

Voll null Ahnung

Wieder so ein mieser Montagvormittag. Alle Menschen haben schon in der Früh ihre Wecker verdroschen, sind unausgeschlafen und unleidlich und längst aufgebrochen, um sich in das Unvermeidliche zu fügen: den Beginn der Arbeitswoche. Kann es etwas Schlimmeres geben?

Für mich persönlich durchaus. Ich bin zwar ebenfalls kurz nach den Hühnern aufgestanden, hab obendrein ein fieses blaues Hemd anziehen und meinen Dienst in der Entertainment-Abteilung eines Elektro-Supermarktes antreten müssen, aber ich bin passabler Dinge, denn heute ist mein Arbeitsplatz kein überbevölkerter Bummelplatz der Shoppinglüste, nein, ich muss bloß die Verheerungen beseitigen, die die Shoppingqueens, Shoppingkings und Shoppingkids am Samstag verursacht haben.

Etwa die Kinder-CDs aufräumen, die die lieben kleinen Paulas und Jonasse um drei Ecken getragen und dann ins Heavy Metal-Regal gestopft haben. Da guckt der Headbanger sonst irritiert, wenn er im Motörhead-Fach *Orgasmatron* sucht und stattdessen *Benjamin Blümchen sucht Willi Waschbär* findet. Umgekehrt taucht schon mal bei den Kinder-Hörbüchern unter Astrid Lindgren nicht nur *Wir Kinder aus Bullerbü* auf, sondern auch das PC-Spiel *Wir Killer aus Ballerbü.*

Zu meinem allergrößten Leidwesen umfasst die Entertainment-Abteilung nämlich nicht nur CDs und Filme, sondern auch Software, Computerspiele und den ganzen technischen Kladderadatsch, der dazu gehört.

In der Musik, ja, da kenn ich mich aus, da kann ich Ihnen sagen, mit welchen Gitarrensaiten Eddie Van Halen das legendäre Beat it-Solo eingespielt hat. Computermäßig hingegen, das kann ich nicht leugnen, bin ich nicht im Silicon Valley zuhause, sondern im tiefsten Neandertal. Unter einem Anti-Virus-Programm verstehe ich nach wie vor die Spritze, die mir mein Hausarzt jeden Herbst prophylaktisch in den Oberarm rammt. Ich besitze immer noch kein Smartphone, weil mir die Vorstellung nicht behagt, dass mein Telefon cleverer ist als ich. Und eBook-Reader gehören bei mir in die Top 3 der unsexiesten-Gebrauchsgegenstände, gemeinsam mit Fahrradhelmen und ABC-Wärmepflastern.

Glücklicherweise bin ich in unserer Abteilung von zwei hilfsbereiten Kollegen umgeben, absoluten Computerfreaks. Die halten zwar Paolo Conte für einen Kumpel von SuperMario, aber sie billigen mir als einem der letzten aktiven Exemplare der Spezies Plattenverkäufer sowas wie Artenschutz zu und springen mir verlässlich mit niederknienswerter Geduld bei, wenn ich mal wieder drauf und dran bin, von einem Kunden als IT-Niete entlarvt zu werden.

Heute früh ist mein Retterduo abwesend, einer hat seinen freien Tag, der andere erscheint erst am Mittag zur Spätschicht. Ganz schutzlos gegen Cyberattacken bin ich indes nicht, denn unser Azubi teilt die Frühschicht mit mir. Er ist im 1. Lehrjahr, gerade 17 geworden und hört auf den Namen Maurice-Jerome. Wie viele männliche Homo Sapiens seines Alters ist Maurice-Jerome körperlich und sozial noch nicht ganz ausgereift. Beim Gehen kriegt er die Füße nicht vom Boden hoch, beim Reden kaum den Mund auf. Ich kann mich jedenfalls nicht erinnern, von ihm jemals eine unfallfreie Subjekt-Prädikat-Objekt-Kombination gehört zu haben. So richtig die Zähne auseinander kriegt er immer nur dann, wenn es um Games und Konsolen geht, da sprudelt es aus ihm heraus, da bekommt er regelrechte Eloquenzanfälle.

An diesem frühen Montag ist es schön still und friedlich in unserer Abteilung, deshalb habe ich Maurice-Jerome zum Aufräumen ins Lager geschickt. Das war reichlich leichtsinnig, stellt sich jetzt raus.

Über dem mannshohen Regal der angrenzenden Staubsauger-Abteilung taucht nämlich ein brauner Cord-Hut auf, der sich langsam, aber unaufhaltsam in meine Richtung bewegt. Kein Zweifel, unter diesem Hut steckt Herr Kriechbaum.

Herr Kriechbaum gehört zu jener Sorte Männer, die unmittelbar mit Eintritt ins Rentenalter beginnen, aus lauter Langeweile ihre Umwelt zu tyrannisieren. Früher wurden frisch pensionierte Nervensägen von ihren Ehefrauen kurzerhand tagsüber zu ihren

Modelleisenbahnen in den Hobbykeller gesperrt, heutzutage marodieren diese Pensionäre durch die Software-Abteilungen von Elektromärkten. Das Cannstatter Institut für empirische Sozialmutmaßungen peilt über den Daumen, dass sich in den letzten Jahren millionenfach Schwiegersöhne bei ihren entnervten Schwiegermüttern lieb Kind gemacht haben, indem sie ihre ausrangierten PCs den nörgelnden Schwiegervätern als Beschäftigungstherapie vor die Nase installiert haben.

Herr Kriechbaum ist der worstcase unter den IT-Opas. Längst hat er seine 12.000 Dias aus 45 Jahren Dauercampen auf der Ostalb digitalisiert. Die Software dazu hat er bei uns gekauft, genauso wie das Inkasso-leichtgemacht-Programm, mit dem er als Schatzmeister des Dackelzuchtvereins Zwangsvollstreckungsandrohungen an säumige Beitragszahler verschicken kann.

Neuerdings interessiert sich Herr Kriechbaum für Simulatoren. Man kann ja inzwischen alles Mögliche per Computerspiel simulieren, kann sich als Busfahrer auf seinem Bildschirm durch Staus und Smog in allen Metropolen der Welt quälen, kann mittels eines Landwirtschafts-Simulators auf einem Traktor hocken und Gülle auf Äcker rieseln lassen, ja, man kann sogar als Ziege herumstreunen und ein virtuelles Dorf vollkötteln.

Herr Kriechbaum fährt am liebsten Panzer. Wahrscheinlich hat er da Nachholbedarf, weil sein Jahrgang zu spät für den Volkssturm und zu früh für die

Bundeswehr dran war. Jetzt schlägt er halt Panzerschlachten im Keller, und vermutlich reißt er dabei die Tür des Gefrierschranks sperrangelweit auf, damit es sich ordentlich nach Stalingrad anfühlt.
Jetzt biegt Herr Kriechbaum auf seinen Rollator gestützt um die Staubsaugerecke und schiebt geradewegs auf mich zu. Er gibt im Rahmen seiner Möglichkeiten ordentlich Gas, kann aber trotzdem nicht verhindern, dass ihn auf den letzten Metern zwei anderthalb Käse-Hochs überholen, einer links, der andere rechts.
Irgendwie kommen mir die beiden Knirpse bekannt vor. Als sie kurz vor der Info-Theke vollbremsen, gehen mir zwei Lichtlein auf: Die beiden sehen aus wie die geringfügig älteren Brüder jenes Milchgesichts, das seit der Erfindung des Zwiebacks von jeder gleichnamigen Packung grinst. Bloß dass der kleinere von beiden so eine schwarze eckige Klugscheißerbrille auf der Nase hat.
»Also, wir haben da mal 'ne Frage«, beginnt der Zwiebackknirps ohne Brille, »wir haben so `ne Wii-Mini, und wir wollen wissen, ob wir für die Nunchucks extra so eine Charging Station Dual Slim V2 brauchen, oder ob das mit dem von den Wii-Wireless-Afterglow-Controllern geht. Und ob man die Nunchucks über den Gamecube Controller Adapter an die Wii-Mini anschließen kann. Das geht beim Wired Fight Pad ja auch, oder?«
»Gute Frage«, sage ich anerkennend. Die Frage loben kann nie schaden, denke ich. Das Dumme ist bloß:

Ich brauch 'ne Antwort. Wie aber soll ich antworten, wenn ich die Bestandteile der Frage nicht verstehe, geschweige denn sinnvoll miteinander in Verbindung setzen kann?

Was tun? Erstmal Zeit gewinnen.

»Wisst ihr was, Jungs? Gleich kommt ein Kollege, der kennt sich noch besser aus als ich«, sage ich und zeige in Richtung des Konsolenzubehörs. »Geht schon mal da rüber, ich schicke euch den gleich.«

Tatsächlich toben die beiden meinem Fingerzeig hinterher. Viel gewonnen ist damit nicht, denn nun reckt sich mir das Kinn von Herrn Kriechbaum entgegen:

»So, grüß Gott, junger Mann! Sie, haben Sie das Add-on *Rommels Afrika-Korps* zum *Tank Battle World War römisch zwo-Simulator 2017*?«

Kein Zweifel, ich habe mich noch nie über eine derart dämliche Frage dermaßen gefreut. Und das bloß, weil ich ihren Inhalt verstehe. Haue dementsprechend beherzt in die Tasten unseres Bestandcomputers.

»Tut mir leid«, antworte ich, »Die Rommel-Erweiterung erscheint erst ín zwei Wochen.«

»Ach schade!«, seufzt Herr Kriechbaum. »Wissen Sie, die Ardennen-Offensive wird langsam langweilig. Und immer, wenn ich durch die feindlichen Linien gebrochen bin, ruft meine Frau zum Mittagessen.«

Er überlegt einen Moment, dann zieht er seinen Cordhut tief in die Stirn, beugt sich über den Lenker des Rollators und flüstertet: »Sagen Sie mal, junger Mann, haben Sie eigentlich auch den…«, er hält kurz inne, blickt nach links und rechts, »also, den Führerbunker-Simulator?«

Noch bevor ich antworten kann: ‚Leider nicht, aber probieren Sie doch mal das PC-Spiel Hau den Adolf', da rast etwas auf mich zu... und stoppt erst wenige Zentimeter vor meinem Augapfel. Ich erschrecke trotzdem nur mäßig, denn es handelt sich um ein bekanntes Flugobjekt. Genau genommen fliegt es nicht mal, es ist ein Smartphone am ausgestreckten Arm eines pickligen, blassen Jünglings. So blass ist der, kann sein, der steht schon eine Weile da und ich habe ihn bloß seit Ladenöffnung übersehen. Umso bunter ist das Display, das er mir gerade eher an als unter die Nase hält.

»Braucht man 'ne Playstation Network Card, wenn man das hier online zocken will?«

‚Man braucht offline gewisse Umgangsformen, um eine Antwort zu bekommen`, möchte ich ihm am liebsten entgegnen, entschließe mich aber, stattdessen meinen inneren Kompetenz-Simulator anzuwerfen und sage:

»Sorry, der Screenshot ist zu grobpixelig«.

Keine Ahnung, was das bedeutet. Maurice-Jerome hat das mal zu so einem Display-Django gesagt, der sein Handy auf ihn gerichtet hatte und danach ziemlich kleinlaut war.

Der picklige Jüngling ist eher unbeeindruckt: »Das ist Pflanzen gegen Zombies für die PS4«, sagt er.

»Ach so«, sage ich und verfluche mich innerlich dafür, dass ich mir nie merken kann, wie man über die Haustelefonanlage jemanden ausrufen kann. Maurice-Jerome zum Beispiel. Wo steckt der bloß?

»Ey ... Aua!«, jault der picklige Jüngling plötzlich auf, denn Herr Kriechbaum hat ihm soeben mit Schmackes den Rollator in die Hacken gerammt.

»Vordrängeln gehört sich nicht!«

Der angefahrene Jüngling hat jetzt ein dickes Fragezeichen im Gesicht, Schriftgröße mindestens 128 pkt., fett sowieso und irgendwie auch eine bisschen kursiv. Kein Wunder, er ist zwar gewohnt, mit ein paar Daumenzuckungen schwerbewaffnete virtuelle Killermaschinen gleich im Dutzend vom Bildschirm zu pusten, aber ein realer, rauflustiger Ruheständler, der jagt ihn geradewegs ins Bockshorn. Er nimmt mir das Handy vom Augapfel, starrt hilfesuchend auf das Display, vermutlich sucht er eine Rentner-Abwehr-App.

Unterdessen holt Herr Kriechbaum erneut mit seinem Senioren-Kampfwagen Schwung, bremst aber im letzten Moment ab, weil ihm die beiden heranktrawallenden Zwiebackknirpse in die Quere kommen. Der mit der Klugscheißerbrille stemmt die Fäuste in die Hüften und fragt: »Wie ist das denn jetzt mit den Nunchucks?«

»Jetzt ist erstmal der Führer dran!«, beharrt Opa Kriechbaum.

»Nunchucks, Nunchucks!«, skandieren die Knirpse im Duett.

»Okay, Jungs, ganz kleine Sekunde noch. Das Warten lohnt sich, echt, der Kollege hat tolle Tipps für euch!«, schleime ich dazwischen.
Jetzt tuscheln die beiden hinter vorgehaltener Hand, deshalb weiß ich nicht genau, welcher Knirps flüstert: »Der Typ hat voll null Ahnung!«
»Müsst Ihr nicht eigentlich in der Schule sein?«, blafft Opa Kriechbaum.
»Nee, die letzten vier Stunden fallen aus«, antwortet der brillenlose Zwiebackknirps achselzuckend. »Unsere Deutschlehrerin und unser Ethik-Lehrer sind krank. Beide Burnout«.
Burnout... das wärs jetzt. Am besten so 'ne Art Blitz-Burnout, mit inneren Ausbrennungen dritten Grades. Dann: Notarzteinsatz, halbes Jahr Reha, viel Zeit zum Schreiben, der erste Roman ein großer Wurf, Büchner-Preis, Stadionlesungen, kreischende Buchhändlerinnen werfen ihre getragenen Brillen auf die Bühne, aber dann: Verrisse en masse für den Zweitling, wegbrechende Buchverkäufe, Schreibblockade und... schon wieder Burnout. Auch keine Lösung.
Acht Augen und ein Display starren mich noch immer erwartungsvoll an. Nein, zehn Augen sogar, denn hinter dem blassen Jüngling steht ein noch blasserer. Den sieht man fast gar nicht, weil er nicht mal ein paar leuchtende Pickel im Gesicht hat.
So tief saß ich noch nie in der Cyberpatsche. Kann jetzt nicht einfach eine liebliche Konvertierungsfee kommen, mich markieren, mit der rechten Maustaste ausschneiden und in irgendein fernes Land

einfügen, in dem ein Rechner noch ein Holzgestell mit Querstangen ist, auf dem man bunte Kugeln hin- und herschieben kann?
Plötzlich nähert sich ein seltsames Geräusch. Sollte mein Wunsch tatsächlich in Erfüllung gehen? Doch nein, das ist nicht das beruhigende Schwebesurren einer Fee, ganz im Gegenteil, aber trotzdem kündigt es meine Rettung an. Es ist das Schlurfen von Maurice-Jerome, den man immer schon hört, bevor man ihn sieht. Tatsächlich, da kommt er um die Ecke geschlendert. Sieht mich und meine Belagerer, verdreht kurz die Augen, schiebt das Kaugummi in die Backentasche und beantwortet mit minimalem Silbenaufwand alle Fragen.
Pflanzen gegen Zombies? Bullshit, kann man nicht online zocken, weiß doch jedes Kind. Nunchucks? Funktionieren mit normalen Akkus, wie denn sonst? Und Führerbunker-Simulator? Nie gehört. Gibt bloß 'nen Führerhäuschen-Simulator für Baukräne.
Ich stehe daneben und nicke eifrig. Bevor Maurice-Jerome sich das Anliegen des noch blasseren, pickellosen Jünglings anhört, bedenkt er mich mit einem Blick der in etwa heißt. »Dich kann man auch keine fünf Minuten allein lassen, Du analoger alter Mann.« Und als der noch blassere Jüngling schüchtern fragt: »Haben Sie die Carmina Burana?«, da antwortet Maurice-Jerome ganz gelassen, ganz Kenner:
»Für PC oder für Playstation 4?«

Fünf ganze Nüsse

Es ist vollbracht.
Endlich.
Ich habe mich von der 5 losgesagt.
Nein, wirklich, ich lasse mir von einer einstelligen Primzahl nicht länger vorschreiben, was ich zu tun und zu lassen habe. Basta.
Okay, ich fuhrwerke gerade auf der Suche nach fünf ganzen Erdnüssen in diesem Glasschälchen auf dem Tisch vor mir herum – aber das ist doch keine Zwangshandlung. Das kann man ja noch nicht mal eine Marotte nennen, allenfalls ein Maröttchen. Denn wer kennt das nicht: Launig in der Pinte sitzen, aber nicht recht wissen, wohin mit den Händen, wenn man keine Freundin hat. Ich grabe dann halt gern mal so ein Schälchen um, bis ich fünf ganze Nüsse beisammen habe. Was ein bisschen dauern kann, denn gesalzene Erdnüsse haben den fatalen Hang, in zwei Hälften zu zerfallen. Aber fünf halbe Nüsse gehen nicht, vier ganze erst recht nicht. Lieber verhungere ich.
Ach was, ich könnte sofort aufhören, wenn ich wollte, dahinter steckt wirklich kein Zwang. Und selbst wenn: Wir leben in einem Land, in dem angesehene

Mitbürger zwanghaft samstags früh um sieben den Rasenmäher anwerfen, weil ein vorwitziger Grashalm es wagt, über die 2-Millimeter-Grenze hinauszulugen. Schickt die jemand in die Therapie? Nein!
Übrigens bin ich in dieser Kneipe nicht der einzige, der einen liebenswerten kleinen Tick pflegt. Der ältere Herr am Tisch schräg gegenüber holt alle zwei Minuten seine Taschenuhr aus der Weste, schaut ein paar Sekunden lang auf das Zifferblatt und verstaut sie dann wieder. Dass er auf jemanden wartet, ist wenig wahrscheinlich, denn er dreht sich anschließend nicht zur Tür um. Ich vermute, er kontrolliert das ordnungsgemäße Voranschreiten der Zeit, damit sie ja nicht das Bummeln anfängt.
Mich treibt eine Zahl um. Trieb.
Warum ausgerechnet die 5? Ich hatte mal eine Zeitlang die Zahlenmystischen Neuesten Nachrichten abonniert, da stand drin, die Fixierung auf die 5 stehe für die Angst vor Sex & Drugs & Rock'n'Roll. Man verharre auf der 5 und zaudere verzagt vor dem letzten Schritt Richtung Ekstase. Mir scheint das ein bisschen nahe hergeholt zu sein. Zugegeben, die 5 steht eher für Ordnung als für Orgien. Von einem flotten Fünfer hört man eher selten. Außerdem ist ja allgemein bekannt, dass man seine Kicks on route 66 kriegt und nicht auf der B 55. Selbst das laue Gesöff Bier kommt im Sixpack daher – was aber kriegt man als 5er-Packung? Kindermilchschnitte.
Schuld an meinem Hang und Drang zur 5 war ein Schulausflug ins Primzahlenmuseum. Da fand ich

die 2 und 3 ziemlich mickrig, die mehrstelligen Primzahlen hingegen, die 89 oder gar die 727, schienen mir was für Angeber oder Sektierer zu sein. Die eigensinnige und doch bescheiden einstellige 5, die tat es mir an. Und sie bestimmte schon am nächsten Tag meinen Schulweg.

Der war eigentlich denkbar unkompliziert: Ein paar hundert Meter geradeaus, dann einmal über die Straße, das war's. Doch nun durfte ich die Straße zur Schule nur noch dann überqueren, wenn ein VW Käfer vorüberfuhr, bei dem die Summe der Ziffern auf dem Nummernschild durch 5 teilbar war. Rauschte also ein Käfer heran, dessen amtliches Kennzeichen etwa H-SV 96 lautete, dann gab das von links nach rechts gerechnet 15. 15 durch 5 gibt ein glatte und satte 3 – und das bedeutete: Ich kam pünktlich zur ersten Stunde. Das war Mitte der 70er Jahre, als unsere Straßen noch Tag und Nacht vom unternehmungslustigen Knattern der Käfermotoren erfüllt waren. Dummerweise fielen meine späten Schuljahre in die mittleren 80er, in denen der VW Käfer so gut wie ausgerottet worden war. So kam es, dass ich das zehnte Schuljahr praktisch komplett vor der Eisdiele gegenüber meiner Schule verbrachte. Weil ich die Straßenseite nicht wechseln konnte, wechselte ich eben die Schule – und nahm dorthin den Bus. Der hielt direkt vor unserer Haustür.

Meine vertrackte Beziehung zur 5 nahm unaufhaltsam ihren Lauf. Ins Kino zu gehen etwa, gestattete ich mir nur dann, wenn ich die Eintrittskarte mit fünf 2-Euro-Münzen bezahlen konnte. Aber nicht mit irgendwelchen wild durcheinandergewürfelten Zweiern, nein, es mussten fünf Zweier aus ein und demselben Land sein. Deutschland ausgeschlossen, versteht sich, das wäre zu einfach gewesen. Deprimierende cineastische Durststrecken waren die Folge. Hatte ich dann aber mal fünf französische oder fünf finnische Zweier beisammen, dann stürzte ich sofort in die nächstbeste Vorstellung ins nächstbeste Lichtspielhaus. Klar, vier Zweier reichen auch, um ins Kino zu kommen, aber ich bin ein großer Trinkgeldgeber und lasse auch Kinokassierer nicht leer ausgehen.

Vor ein paar Wochen, kurz vor meiner Scheidung von der 5, da erwischte ich sogar noch einmal eine richtige Glückssträhne: Innerhalb weniger Tage bekam ich zuerst zweimal hintereinander fünf belgische Zweier zusammen, es folgten in kurzen Abständen fünf Holländer, fünf Slowaken, fünf Andorraner. Natürlich bin ich jedes Mal spornstreichs an die Kinokasse, um die Freuden einer großen Leinwand zu genießen. Mit den Filmen hatte ich allerdings weniger Glück: Zweimal lief *Fifty Shades of Grey,* dreimal Bibi und Tina - voll verhext.

Der alte Herr von gegenüber nickt mir zwischen zwei Blicken auf seine Taschenuhr zu, gelassen und ganz freundlich. Offenbar hat er die Zeit im Griff. Ich lächle gequält zurück. Meine vergebliche Wühlerei nach der intakten Nuss Nummer fünf lässt keine entspanntere Reaktion zu. Außerdem irritiert mich,

dass er sich so gar nicht für die Nussschale zu Füßen seines Weizenglases interessiert.
Ich konnte der 5 nie ernstlich böse sein. Erst als ich ihretwegen sogar kriminell wurde, da bin ich ins Grübeln gekommen. Und das kam so: Wenn ich einkaufen ging, dann konnte ich, wen wundert's, immer nur an Kasse 5 bezahlen.
Eines unschönen Tages ging Kasse 5 im Supermarkt bei mir um die Ecke kaputt. Ich habe daraufhin versucht, an Kasse 6 zu bezahlen, aber das ging beim besten Willen nicht. Die Räder meines Einkaufswagens blockierten.
Was sollte ich tun? Verhungern? Ich begann, mir das Allernotwendigste zum Überleben zusammenzuklauen. Ernährte mich tagelang nur von 5er Packs Kindermilchschnitte, weil die sich einigermaßen unauffällig in die Jackentasche stopfen ließen – auch wenn sie dabei ziemlich zermantscht wurden.
Als Kasse 5 dann als geheilt aus der Reparatur entlassen worden war und wieder fröhlich meine Einkäufe durchpiepste, da habe ich den Schaden natürlich ersetzt – nach und nach, und vor allem heimlich, indem ich den Pfandautomaten mit Pfandflaschen fütterte, die Bons aber wegwarf, statt sie einzulösen. Trotzdem plagten mich weiterhin furchtbare Alpträume von Ladendetektiven, Hausverboten, Festnahmen gar und fünf Jahren Festungshaft bei Wasser und Kindermilchschnitte.
So konnte es bei aller Liebe zur 5 nicht weitergehen. Ich hielt nach therapeutischer Hilfe Ausschau. Tele-

fonierte herum und kriegte allerlei »Tja« und »So, so« und »Nanu« zu hören, die jedes Mal in ein »in den nächsten fünf Jahren aber sowas von gar keinen freien Termin« mündeten. Ein einziges »Klarer Fall« und »Kriegen wir hin!« kam dabei heraus, doch die Hoffnung auf Hilfe währte nur kurz, denn der freundliche Therapeut hielt seine Sitzungen immer nur am dritten Tag ab, nachdem die Stuttgarter Kickers nach einem Auswärtssieg mit drei Toren Unterschied den dritten Tabellenplatz innehatten.
Die rettende Idee kam mir schließlich selbst, zufällig am 5. Mai. Statt, wie üblich, meinen Tagesablauf dem Diktat der 5 zu unterwerfen, zwang ich mich, alle Zwangshandlungen im Dienste der 5 zu unterlassen. Klingt kompliziert – ist es auch. Jedenfalls beginnt mein Tag neuerdings mit fünffacher Verweigerung der obligatorischen 5 Morgenzwänge.
Erstens warte ich mit dem Aufstehen nicht mehr, bis im Radio in irgendeinem Zusammenhang von der 5 die Rede ist, stelle also den Wecker nicht mehr auf 4.59 Uhr, um ja nicht die 5 Uhr-Nachrichten zu verpassen. Zweitens hole ich mir nicht schon vorm Duschen zweimal einen runter, um abends das Tagessoll von 5 erreichen zu können. Drittens dirigiere ich unter der Dusche nicht mehr Beethovens komplette Fünfte. Viertens verzichte ich darauf, vor dem Spiegel fünf verschiedene Krawatten auszuprobieren, bevor ich zur Fliege greife. Und fünftens zwinge ich mich, aus dem Haus zu gehen, ohne vorher fünfmal in Folge mit einer Rosine aus meinem Müsli in den

Biomülleimer getroffen zu haben. Einer milchgetränkten Rosine wohlgemerkt – wer schon mal eine milchgetränkte Rosine geworfen hat, der weiß, wie tückisch deren Flugkurven verlaufen, praktisch unberechenbar.

Inzwischen bin ich heilfroh, dass ich der 5 den Laufpass gegeben habe. Obwohl … wo zum Teufel steckt die verdammte fünfte vollständige Nuss?

Wühlen hilft nicht mehr, ich muss systematisch vorgehen. Stülpe die Schale um, die Nüsse kullern über den Tisch, ich fege sie mit den Händen zusammen und beginne, Nuss für Nuss durchzugehen.

Plötzlich steht der alte Zeitkontrolleur von gegenüber vor meinem Tisch. Er muss während meiner Nussgrabungen bezahlt haben. Und nicht nur das. Er hat eine ältere Dame an seiner Seite, sie hat sich bei ihm eingehakt. Unter ihrem hochgeschobenen Ärmel lugen drei Armbanduhren hervor.

Die beiden lächeln mich ganz entspannt an. Der Zeitkontrolleur stellt sein volles Nussschälchen auf meinen Tisch und sagt:

»Jetzt lassen Sie mal Fünfe gerade sein, junger Mann!«

Halb so schlimm

In der letzten Stunde habe ich Adrian das Schlimmste angetan, was man ihm überhaupt antun kann. Die aufgebrochene Wohnungstür wird er vermutlich noch mit seinem obligatorischen Halb so schlimm-Lächeln quittieren. Niemals aber wird er mir verzeihen, dass ich seine Dachkammer betreten habe, ohne mir vorher die Schuhe auszuziehen.

Zweiundzwanzigmal bin ich die Treppe rauf und habe dabei insgesamt vierundvierzig Kästen Quittensaft in Adrians Wohnung geschleppt. Vor jedem Gang bin ich mit beiden Füßen zuerst in die tiefste Pfütze und dann in den größten Hundehaufen weit und breit gesprungen, so dass sich nun eine prächtige Spur aus Matsch und Hundescheiße durch seine Wohnung zieht. Die wird ihm sicher schwer zusetzen, aber umbringen, fürchte ich, wird sie ihn nicht. Da werde ich nachhelfen müssen.

Ja, ich werde Adrian in Quittensaft ersäufen.

Den Entschluss dazu habe ich im Laufe jenes von ihm so genannten »Gesprächs unter vernünftigen

Erwachsenen« gefasst, bei dem Jana sehr viel redete, Adrian nur geringfügig weniger, ich aber bloß zwei, dreimal »Ach Du Scheiße« sagte – und sonst nichts. Begleitet von Adrians ernstem Nicken erklärte mir Jana, dass Adrian und sie jetzt ein Paar wären, sie und ich folgerichtig ab sofort keines mehr.
Ich antwortete zur Abwechslung: »Na prima«.
Adrian, der Ironie vermutlich zu den Kräutern der Provence zählt, lächelte daraufhin à la Halb-so-schlimm und klopfte mir obendrein auf die Schulter – da war mir klar: Ich muss ihn kaltmachen.
Mein erster Gedanke war, ihn kurz und bündig mit einem Gewehr vom Fahrrad zu schießen. Er gibt ein hervorragendes Ziel ab, weil er niemals ohne seine neongelbe Leuchtweste aufs Rad steigt. Dummerweise bin ich kein sicherer Schütze, auch wenn ich mir bis zum frühen Abend meist eine ruhige Hand angetrunken habe.
Es wäre ohnehin nicht artgerecht, ihn einfach so abzuknallen. Adrian lebt seit Jahren vom Verkauf selbstgehobelten Bioholzspielzeugs. Auf dem Schaufenster seines kleinen Ladens prangt in moosgrünen Lettern das Motto: »Von glücklichen Bäumen für glückliche Kinder«. Außerdem lötet er sich Solarzellen aufs Dach und trennt leidenschaftlich gern seinen Müll – da hat er einfach einen schadstoffarmen Tod verdient. Und genau deshalb fülle ich nun seine Badewanne mit Quittensaft.
Adrian liebt Quitten. Sein ganzer Stolz sind die Quittenbäumchen, die er auf seiner Dachterrasse

hegt und pflegt. Ganz im Zeichen der Quitte stehen logischerweise auch die sogenannten Spieleabende, zu denen Adrian die Bewohner unseres Hauses regelmäßig nötigt. Sobald der Unterwerfungsakt des Schuheausziehens vollzogen ist, serviert er Quittensaft, Quittenmus, Quittenschnaps und obendrein Dulce de membrillo, auf gut deutsch: Quittenbrot, alles selbstgemacht.

Ich habe mich lange geweigert, diesen Abenden beizuwohnen, und das nicht nur, weil ich in der Hausgemeinschaft einen Ruf als Außenseiter zu verlieren habe. Irgendwann habe ich Idiot aus Angst vor Beziehungsungemach Janas Drängen dann doch nachgegeben.

Eigentlich lehne ich es ab, Lebensenergie und Hirnschmalz zu investieren, um Begriffe zu tanzen oder getanzte Begriffe zu erraten, Bahnhöfe und Wasserwerke zusammenzuraffen oder Erdteile zu erwürfeln. Das alles ist ohnehin schwer erträglich, aber Adrians erbarmungslos nachsichtige Vernunft, sein nimmermüdes Verständnis für fast alles und beinahe jeden, seine unnachgiebig konstruktive Gelassenheit – es sprengt die Grenzen des Zumutbaren.

Er lächelte an diesem Abend ohne Unterbrechung sein Halb so schlimm-Lächeln und verlor dabei ein albernes Spiel nach dem anderen. Inzwischen bin ich fest davon überzeugt, dass Adrian seine endlose Pechsträhne bewusst eingefädelt hat, um besonders Jana demonstrieren zu können, was für ein prima Verlierer er ist.

»Der Adrian sieht das eben erfreulich unverbissen«, beschied mir Jana anschließend. Eigentlich hätte ich da schon misstrauisch werden müssen, als sie mich mit ihrem typischen Ich-will-ein-Kind,-aber-nicht-von-dir-Blick anschaute und ergänzte: »Ich finde es schön, wenn ein Mann selbstbewusst genug ist, ein guter Verlierer zu sein!«
Zugegeben, ich bin wirklich kein guter Verlierer. Es macht mir einfach keinen Spaß, den Kürzeren zu ziehen, bei was auch immer. Schon gar nicht, wenn man mir die Freundin ausspannt.
Inzwischen ist die Wanne randvoll mit Quittensaft. Zufrieden umfasse ich den Hals der letzten Saftflasche, hole weit aus und lasse den Flaschenbauch mit voller Wucht auf die Kante des Waschbeckens krachen.
Wie gut, dass die Hersteller gesunder Säfte keine Kunststoffflaschen verwenden, denn sonst hätte ich jetzt bloß zerbeultes Plastik in der Hand und kein vielzackiges Schlitz- und Stechwerkzeug. Das werde ich Adrian unter den Kinnriemen seines Fahrradhelms halten. Jede Wette, er wird den Kopf freiwillig in die Quittenbrühe tauchen. Und dabei nicht lächeln.
Bisher ist es mir nur ein einziges Mal gelungen, diese penetrante Heiterkeit aus seinem Gesicht zu vertreiben. In einer Quittenbrotpause zwischen zwei öden Brettspielen hatten Remigius und Charlotte aus dem zweiten Stock Adrian gefragt, warum er eine Tibet-Fahne als Tischtuch verwende. Es sei für ihn eine

Selbstverständlichkeit, erwiderte Adrian, den Freiheitskampf der Tibeter gegen die brutale chinesische Usurpation zu unterstützen. Da habe ich ihm vorgeschlagen, er könne doch ein besonderes Holzspielzeug kreieren, um auch und gerade Kinder für diesen Konflikt zu sensibilisieren. Er solle einfach kleine Holzfiguren schnitzen und ihnen aus orangeroten Servietten leicht entzündbare Gewänder basteln. Dann bräuchten die lieben Kleinen nur noch ein bisschen Feuerzeugbenzin und könnten prima die Selbstverbrennung tibetischer Mönche nachspielen.
Es wurde still am Spieltisch. Alle Nachbarn bissen synchron in ihre Quittenbrote. Nur Jana nicht. Die schmachtete Adrian mit einem Ich-will-ein-Kind,-und-zwar-von-dir-Blick an, ohne Notiz von mir zu nehmen.
Und Adrian? Der sagte mit wiedergewonnenem Lächeln zu mir:
»Du bist ein Zyniker, mein Lieber, aber glaube mir, dahinter steckt nur ein verletztes Ich, das versucht, zu sublimieren.«
Schon damals hätte ich gern spontan herausgefunden, ob mein verletztes Ich Sublimierungsfortschritte macht, wenn es einem intakten Ich die Fresse poliert. Dazu kam es nicht, weil Mareike aus dem Erdgeschoss das Babyphone vom Ohr nahm und vorschlug, noch eine Partie Mensch ärgere dich nicht zu spielen.
Meine Vorbereitungen im Badezimmer sind vollendet. Ich begebe mich in den Flur, wo sich das Hunde-

kotaroma inzwischen voll entfaltet hat. Schon höre ich Schritte auf der Treppe.
Einem starkem Impuls der Vorfreude gehorchend, greife ich zu meiner Flaschenhalswaffe, bin dabei aber ein wenig unvorsichtig und ritze mir in den Mittelfinger. Egal, ich hebe den Arm und versuche das Blut zu ignorieren, das mir warm über die Hand läuft.
Im nächsten Moment schwingt die Wohnungstür auf und Adrian steht vor mir, neongelb leuchtend, den Fahrradhelm noch auf dem Kopf, barfuß. Aus seinem Rucksack ragen zwei Stangen Lauch.
»Du, was ist denn hier los?«
Ohne zu antworten, mache ich einen energischen Schritt auf ihn zu. Leider rutscht mir dabei auf dem Matsch das Standbein weg, so dass ich der Länge nach in der Hundescheiße lande und obendrein noch den Flaschenhals loslassen muss.
Adrian schaut auf mich herab und kratzt sich am Fahrradhelm: »Mensch, sag mal, du blutest ja. Hast du dich geschnitten?«
Ich versuche mich aufzurappeln, aber Adrian lässt mir keine Chance. Erst zieht er mir die Schuhe aus, dann hilft er mir auf die Socken und watet mit mir die Hundematschspur entlang ins Badezimmer. Als wir vor der quittenvollen Badewanne stehen, strahlt er auf einmal von einem Kinnriemenende zum anderen: »Hast du dir das ausgedacht? Woher wusstest du, dass ich Geburtstag habe?«
»Ich hab's geahnt«, sage ich.

Adrian kramt in einer Holztruhe und fördert Pflaster zu Tage.
»Du, ich habe jetzt ein richtig schlechtes Gewissen, weil ich dich für einen schlechten Verlierer gehalten habe.«
»Ich doch nicht«, erwidere ich und halte ihm meinen ausgestreckten Mittelfinger hin.
Adrian visiert mit dem Pflaster die Wunde an, hält dann aber inne und sagt:
»Und weißt du was? Jana hat die gleiche Idee gehabt!«, Er gluckst vor Vergnügen. »Sie hat ihre neue Wanne mit Quittensaft gefüllt, wir sind da kurz vor Mitternacht hineingestiegen und haben… reingefeiert!«
Adrian zwinkert mir verschwörerisch zu – und auf einmal geht alles ganz schnell. Sollten Jana und Adrian letzte Nacht beim Reinfeiern im Quittensaft ein Kind gezeugt haben, dann mache ich es jetzt zum Halbwaisen. Vielleicht kommt es dann ja ohne Fahrradhelm zur Welt.
Ich staune, wie gut meine Hand auf Adrians Nacken passt und wie leicht er sich untertauchen lässt. Er wehrt sich zwar aus Leibeskräften, strampelt mit Armen und Beinen, aber ich habe ihn bestens im Griff. Der Fahrradhelm rumpelt gegen den Wannenboden, ein paar kräftige Luftbläschen blubbern an die Saftoberfläche. Es dauert gar nicht so lang, bis sein Widerstand schwächer wird, aus dem Zappeln der Gliedmaßen ein Zucken, das schließlich erstirbt.
Um ganz sicher zu gehen, neige ich den Kopf in die

Wanne. Meine Wange berührt beinahe die Saftoberfläche. Keine Frage, er ist mausetot, es sind keine Luftbläschen mehr zu erkennen.
Stattdessen entdecke ich dünne rote Schlieren in der grüngelben Brühe. Stimmt, Adrian hatte keine Gelegenheit mehr, meine Wunde zu verpflastern. Sei's drum!
Zufrieden lecke ich mir das Gemisch aus Blut und Quittensaft vom Mittelfinger und sage ganz leise zu mir selbst: »Halb so schlimm.«

Knoten geplatzt

»Wenn Du in zwei Wochen keinen Job hast, schmeiße ich dich raus«, hat Annette zu mir gesagt.
Flankiert von zwei gorillagroßen Rollkoffern voller Hosenanzüge stand sie vor mir, die geballten Fäuste in die Hüften gestemmt, fertig zum Abflug nach Japan, wichtige Geschäftsreise, Dauer: vierzehn Tage. Ich hab sie daraufhin wie üblich an ihrem empfindsamen linken Schulterblatt gekrault, das hilft eigentlich immer gegen solche Ultimaten. Hat bis dahin eigentlich immer geholfen, muss ich inzwischen leider sagen, denn statt die üblichen Inkonsequenzen zu ziehen, also zu schnurren, griff Annette wortlos ihre Koffer, überrollte mit beiden meine nackten Zehen und verließ die Wohnung.
Sie meinte es tatsächlich ernst. Die letzten Zweifel begrub ein Kleiderbügel, der demonstrativ außen an unserem Kleiderschrank hing, jener Herberge von geschätzt 500 verschiedengrauen Hosenanzügen. Auf besagtem Bügel lauerte ein dunkler Herren-Anzug nebst Krawatte. Beide hatte mir Annette zur vorletzten Rauswurfdrohung geschenkt, auf meinen Einwand hin, ich hätte ja gar nichts Gescheites zum Anziehen für ein Vorstellungsgespräch. Diesmal hat Annette sogar meine nächste Ausrede vorausberechnet und die hosenanzugsgraue Krawatte fix und fer-

tig geknotet. Ich müsste sie nur noch anlegen und hochzurren.
Kein Zweifel, die wetternde süße Annette sitzt am längeren Hebel, denn unsere Wohnung ist genau genommen Annettes Wohnung, gekauft von ihrem Führungskräftegehalt. Dass ich das Abo der Süddeutschen bezahle und immer den Müll runter trage, nun ja, lässt sie schon länger nicht mehr gelten.
Nein, Annette behauptet nicht, dass ich faul bin. Sie nennt mich »chronisch antriebsarm«. Meine Orientierungsphase könne fünfzehn Jahre nach dem Studium mal abgeschlossen sein, meint sie. Okay, ich geb's zu, ich habe Tage, an denen mein Aktionsradius beschränkt ist. Schlafzimmer, Küche, Sofa im Wohnzimmer, wieder Küche, wieder Sofa. Aber immerhin habe ich diesen Stand by-Job im Biergarten von Mai bis August. Annette ist da anders, stets beharrlich, immer zielstrebig, 24 Stunden am Tag… naja, dreiundzwanzigeinhalb Stunden, wenn sie mich an ihr linkes Schulterblatt lässt. Auf jeden Fall hat es dazu gereicht, dass sie in ihrer Firma inzwischen mit dem Fahrstuhl bis fast ganz nach oben fahren muss, wenn sie in ihr Büro will.
Zwei Wochen Galgenfrist blieben mir noch. Ich rief alle meine Freunde an und fragte, ob ich demnächst für eine Weile bei ihnen unterkommen könne. Könne ich nicht, beschieden mir meine Freunde einer nach dem anderen, nach Rücksprache mit den jeweiligen Freundinnen und Ehefrauen. Meine einzige Freundin, also Nicht-Girlfriend-Freundin, Martina,

rief ich nicht an. Nach direkter Demonstration von Frauensolidarität war mir nicht zumute. Aber ausgerechnet diese Martina hat mich nun gestern mittags aus dem Schlaf geklingelt, am zehnten Tag meiner vierzehntägigen Restduldung. Ich sei doch auf Jobsuche, habe ihr Max erzählt, der es von Uwe hatte, der von Lutz eingeweiht worden war, den ich als allerletzten angerufen hatte. Martina ist seit einiger Zeit Kommunikationsreferentin beim Verband baden-württembergischer Dessoushersteller und als solche, so erfuhr ich nun, gut bekannt mit dem Präsidenten der Interessensgemeinschaft Herrenuntertrikotagen im Südwesten. Und der suche einen Pressesprecher. Schreiben könne ich ja wohl noch. Ob sie das mal für mich ventilieren solle?

»Warum… nicht?«, antwortete ich.

Martina versprach, gleich zurückzurufen. Ich setzte mich auf die Bettkante und überlegte. Pressesprecher für Herrenuntertrikotagen... was bedeutete das? Artikel über neueste Trends bei langen Unterhosen schreiben? In einer Vereinszeitschrift, die wahrscheinlich »Der Eingriff« hieß?

Schon hatte ich Martina wieder am Rohr, die mir für den nächsten Tag, heute also, tatsächlich einen Termin beim Herrenuntertrikotagen-Präsidenten besorgt hatte. Der sei ein bisschen spießig, so ein Feinripp-Heini halt, aber ganz umgänglich. Sie habe schon ziemlich vorgearbeitet, ich solle mir einfach eine Krawatte umbinden, das sei die Hauptsache, und ein bisschen auf seriös machen, dann klappe das schon.

Obwohl mich der Feinripp-Präsident heute erst um 10 Uhr erwartet, bin ich schon seit halb neun, morgens wohlgemerkt, im Anzug, wenn auch noch auf Socken und ohne Krawatte. Die werde ich so spät wie möglich umlegen. Ich bin kein gewöhnlicher Schlipsmuffel, nein, ich habe in meinem Leben eine traumatische Krawattenerfahrung machen müssen.
1984 war das, auf einer Blues Brothers-Party. Alle liefen rum wie Aykroyd und Belushi im Auftrag des Herren: Schwarzer Anzug, Krawatte, Hut, Sonnenbrille, das war Pflicht, auch für die Mädels. Ich knutschte mit meinem langwöchigen Schwarm Yvonne, die Gelegenheit schien günstig, ihr endlich an die Wäsche zu gehen. Musste eigentlich bloß noch ihre Krawatte beseitigen, aber irgendwie muss ich am falschen Schlipsende gezogen haben, der dämliche Knoten löste sich nicht etwa, im Gegenteil, er zog sich weiter zu. Yvonne japste nach Luft. Als sie wieder atmen konnte, kotzte sie mir erstmal anderthalb Liter Erdbeerbowle auf den Anzug. Dann verpasste sie mir eine Ohrfeige, dass meine Sonnenbrille im Nudelsalat landete. Prügel statt Petting, das ist meine prägende Krawattenerfahrung.
I feel good, behauptet James Brown jetzt im Radiowecker. Der hat gut grooven. Verdient seine Kohle als Sex-Machine und muss nicht bei Feinripp-Präsidenten antichambrieren gehen. Zugegeben, seine feelgood-Nummer schiebt, wie mein seliger Freund Dieter sagen würde. Ein bisschen intensiver mitswingen schadet bestimmt nicht. Ein paar Tanzschrit-

te zum Lockerwerden. Sieht ja auch keiner.
Hej, macht richtig Spaß, so'n bisschen vorm Kleiderschrank rumhupfdohlen. Und wollte ich nicht schon immer mal den abgefahrenen Twistschritt probieren, den Travolta in Pulp Fiction zelebriert? So mit angewinkelten Knien und Ellenbogen? Wow, klappt gut, aber hui, dieser arschteure neue Fußbodenbelag ist ja arschglatt, und scheiße, wieso haben meine Socken eigentlich keine rutschfesten Noppen…?
Der Kampf ums Gleichgewicht ist kurz und vergeblich. Ich versuche noch, irgendwo Halt zu finden, um den Aufprall abzumildern, erwische aber bloß die am Kleiderbügel baumelnde Krawatte, und zwar verhängnisvollerweise an der Schlaufe, die ich mir später um den Hals legen muss. Logische Konsequenz: Eine doppelte Bruchlandung, die Krawatte und ich landen der Länge nach auf dem Parkett.
Dass sich mein Steißbein nach Trümmerbruch anfühlt, ist die glimpflichere der beiden Sturzfolgen. Die unglimpfliche ist: Der Krawattenknoten ist futsch, und ich habe keine Ahnung, wie man dieses profane Stück länglichen Stoffs wieder in ein heiliges Seriositätssymbol verwandelt. Was tun?
Selbst mir als digitalem Neandertaler fallen zuallererst die Weiten des Internets ein. Ich rapple mich steißbeinreibend auf und setze mich vor den Rechner in Annettes Arbeitszimmer. Lerne dort, dass es nicht den einen Krawattenknoten gibt sondern tausend verschiedene. Victoria-Knoten, Cavendish-Knoten, St. Andreas-Knoten. Klicke schließlich ein

Video an, Titel »Krawattenknoten kinderleicht«. Zu sehen ist ein gescheitelter junger Mann, Typ Türklingler von den Zeugen Jehovas, der mit so flinken Fingern einen Schlips bindet, dass ich selbst durch den Lupenteil meiner Gleitsichtgläser nicht erkennen kann, wie der Knoten zustande kommt. Auch aus der zwei- und vierfachen Verlangsamung werde ich nicht schlau. Nach der sechzehnfachen Zeitlupe glaube ich begriffen zu haben und binde drauflos, doch der entstandene Knoten gibt höchstens eine prima Arbeitsprobe ab, falls ich mich mal als Henker bewerbe. Scheint so, als wäre kinderleicht zu schwierig für mich, ich brauche wohl idiotensicher.
Ich sinne nun auf analoge Hilfe. In unserem Haus gibt es tatsächlich ein paar notorische Krawattenträger, aber die sprinten werktags immer schon zwischen sieben und acht treppab, stets zwei Stufen auf einmal nehmend, sind also längst aus dem Haus. Ich schaue trotzdem in den Hausflur. Gestern ist die Treppe gebohnert worden, vielleicht ist ja einer von denen ausgerutscht und liegt mit Bänderriss manövrierunfähig zwischen zwei Stockwerken. Der könnte mir sicher helfen, wenn er sich nicht obendrein noch die Arme gebrochen hat. Ich laufe die Treppe runter. Fehlanzeige. Mache kehrt und steige hoch bis ganz unters Dach. Klingele beim Existentialistenpaar, das dort wohnt. Ohne große Hoffnung, denn die tragen nur schwarze Rollkragenpullover. Immerhin macht Madame Existentialistin auf. Eine mächtige Zigarettenrauchwolke wallt mir entgegen, ich störe wohl ge-

rade beim Frühstück. Trage trotzdem mein Anliegen vor.
»Nee, du, echt nicht, du«, antwortet die Existentialistin. »Wir können malheureusement mit so einem Kulturstrick nicht umgehen, der Albert und ich, du.«
Also wieder nix. Nach kurzem Überlegen überwinde ich mich und läute ein Stockwerk unter uns. Da wohnt ein alter Nazi, der immer sonntags auf dem Balkon die ersten beiden Strophen des Deutschlandlieds lauthals singt und die dritte dann bloß leise pfeift. Er macht nicht auf, obwohl er zuhause ist. Ein Geräusch verrät ihn, das entweder vom Einhaken der Türkette oder vom Entsichern einer Pistole herrührt.
Ich stolpere ins Erdgeschoss. Aus der Zahnarztpraxis unten rechts dringen leise Schreie, Dr. Bohrfleiss hat im Moment also auch keine Hand frei, um meine Krawatte in Form zu bringen. Unten links muss ich es gar nicht erst probieren. Dort hält eine Bewegungstherapeutin Kurse für Selbsterfahrungstanz ab. Eine Old School-Feministin sei die, hat Annette mal gesagt, und als solche wird sie das Phallussymbol Krawatte sicher nicht mal mit einer Zange anfassen.
Ich lege mir den Schlips lose um den Hals und hocke mich resigniert auf die unterste Treppenstufe. Katastrophenphantasien suchen mich heim. Nicht von Obdachlosigkeit, nein, viel schlimmer, von einem Zimmer mit ausgehängter Tür in einer Ü40-WG für überzeugte Zusammenwohner, mit geheiligtem Putzplan und Tatort-guck-Zwang am Sonntag.
»Was machen Sie denn da?«, ertönt plötzlich eine

weibliche Stimme, in der erfreulich viel Mitleid mitschwingt. »Hat Ihre Freundin Sie rausgeschmissen?« Die Bewegungstherapeutin steht vor mir, eingehüllt in vielebunte Tücher. Sie ist barfuß aus ihrem Studio gekommen.
»Noch nicht«, antworte ich und schiebe eine umständliche Erklärung meines Krawattendilemmas nach. Und dann erlebe ich ein Wunder, das noch um vieles blauer ist als meine Zehen, nachdem sie von Annettes Koffer überrollt worden waren. Die Old School-Feminstin schnappt sich das Phallus-Symbol nicht nur, nein, sie weiß damit genauso geschickt umzugehen wie der Zeuge Jehovas vom Lehrvideo. Innerhalb weniger Sekunden legt sie mir die gebundene Krawatte um den Hals, und sagt, als sie den Knoten hochzieht: »Klassischer halber Windsorknoten. Geht kinderleicht.«
Ich umarme sie, verfange mich in ihrem Tüchergewirr und verspreche ihr, ein ganzes Jahr lang ihre Kehrwoche zu übernehmen – falls ich hier wohnen bleiben kann.
Drei Tage ist das Krawattenwunder inzwischen her. Die zwei Wochen des Ultimatums sind um, und es sieht schwer danach aus, als müsse ich tatsächlich die nächsten zwölf Monate das Erdgeschoss kehren und wischen. Sei's drum!
Ich muss gestehen, die Krawatte fühlte sich gut an, so gut, dass die von Martina angeratene Seriositätsshow beim Feinripp-Präsidenten ein Kinderspiel war. Will sagen: Ich hab den Job. Und bin dermaßen

euphorisiert, dass ich den Schlips mittlerweile 72 Stunden am Stück trage, ohne den tadellosen Knoten auch nur einen Milimeter zu lockern. Annette wird staunen, und ich freue mich schon darauf, ihr linkes Schulterblatt zu kraulen.

Die Wohnungstür wird aufgeschlossen... da ist sie! Doch irgendwas stimmt nicht. Wo sind die Rollkoffer? Und warum trägt sie keinen ihrer 500 grauen Hosenanzüge, sondern ein wallendes, buntscheckig gefärbtes Gewand?

Als ich die Erklärung höre, muss ich den Krawattenknoten doch lockern. Auf dem Hinflug sei sie mit einem liebenswürdigen älteren Japaner ins Gespräch gekommen, sprudelt es aus ihr heraus, der sich als einer der letzten Meister der hinterasiatischen Meditations- und Körperkunst des GoHok vorstellte. Er habe sie in seinen Tempel eingeladen, schon am nächsten Abend hätten sie gemeinsam meditiert und da sei bei ihr regelrecht ein Knoten geplatzt. Sie habe erkannt, dass sie ein glücksfernes, weil fremdbestimmtes Leben lebe, und dies wolle sie nun radikal ändern. Sie wolle Spiritualität statt Spekulation, Entgrenzung statt Einengung, Ekstase statt Etikette.

Sie macht eine kleine Pause, und als ich ihr gerade erzählen will, dass ich ab sofort einen Newsletter für warme Unterhosen betreue, da schüttelt sie den Kopf, stemmt die Hände in die Hüften und sagt:

»Also, wenn Du weiter hier wohnen möchtest, dann solltest Du dich schleunigst von dieser spießigen Krawatte trennen.«

Kleiner roter Balken

Hoppla, jetzt bin ich wohl doch ein bisschen eingenickt. Im Fernsehen zeigen sie gerade das vorläufige amtliche Endergebnis; ich hab als Letztes die achte oder neunte Hochrechnung mitbekommen.
Den ganzen Abend über haben Gregor und ich auf den Bildschirm über dem Schnapsregal gestarrt. Die Daumen plattgedrückt haben wir uns, dass vielleicht doch noch unverhofft von irgendwoher anderthalb Millionen Briefwahlstimmen für die SPD auftauchen und den kleinen roten Balken in den Hochrechnungen in die Höhe schießen lassen. Half nicht. Schließlich sind wir aus lauter Verzweiflung auf einen alten Trick verfallen: Promille verdoppelt Prozente. Der geht so: Man muss sich schnörkellos volllaufen lassen und dann genau in dem Moment, wo man anfängt, alles doppelt zu sehen, den roten Balken fixieren und zack: Stimmanteil mal zwei, ist die SPD wieder 'ne Volkspartei.
Heute Abend ist der rote Balken allerdings dermaßen mickrig, den kriegt man höchstens unter Inkaufnahme einer Alkoholvergiftung regierungsfähig geschielt. Naja, und da ist mir halt vor Kummer der Kopf ein bisschen schwer geworden, deshalb habe ich ihn auf die Theke gebettet. Und ein wenig die Äuglein zugemacht.

Die Marmorimitat-Oberfläche fühlt sich angenehm kühl an der Wange an. Bisschen klebrig auch, das ist weniger angenehm. Mir ist vorhin bei der ersten Hochrechnung ein vielprozentiges Kräutergebräu aus der Hand gefallen vor lauter Schreck. Gut, die Wahlunken hatten sowas prognostiziert, aber tatsächlich aus dem Stand 15 Prozent für Alle feinripp Drunter ... naja, da kann man schon mal was verschütten.
Während meines kurzen Schlummers hat sich das Wahlergebnis leider nicht mehr verändert, dafür aber etwas anderes: Ich hab kein Bier mehr, dafür hat Gregor zwei. Es ist immer das gleiche mit Gregor. Wahlsonntag für Wahlsonntag saufen wir uns hier in unserer Stammkneipe die Wahlergebnisse schön, und je präziser die Hochrechnungen werden, desto weniger kann Gregor zwischen Meins und Deins unterscheiden. Dabei ist er gar kein Kommunist, sondern bloß ein konsensgeschundener Gemeinschaftskundelehrer. Tagsüber zumindest, abends und am Wochenende ist er gern mal auf Krawall gebürstet. Rein rhetorisch, versteht sich.
Der letzte richtige Kommunist weit und breit steht auf der anderen Seite des Tresens. Er heißt eigentlich Ernst, will aber von allen bloß Teddy genannt werden. Wo in anderen Kneipen die blaustichigen Urlaubspostkarten der Stammgäste an die Zapfanlage getesafilmt sind, da hängen bei Teddy Autogrammkarten von Fidel Castro und Margot Honecker. Mit persönlicher Widmung.

Obwohl Teddy ein glühender Verfechter der Diktatur des Proletariats ist, schaltet er bei Wahlen die Glotze immer auf die ZDF-Hochrechnungsshow um, und zwar nicht nur wegen Sahra Wagenknecht, die da manchmal auftritt, sondern weil Gregor und ich ihm mit unserem Frustsaufen bessere Umsätze bescheren als das letzte Bundesligaspiel des Wochenendes, das regelmäßig parallel läuft. An mir hat er sich längst 'ne goldene Nase verdient, weil ich früher immer Lokalrunden geschmissen habe, wenn die FDP mal wieder aus irgendeinem Landtag geflogen war. Weiß Gott, das waren harmlose Zeiten!
Zwischenzeitlich hat Gregor mein Bier ausgetrunken.
»Teddy, hör die Signale!«, stimme ich an, um anzuzeigen, dass Gregor und ich des Bieres bedürfen. Bestellen ist bei Teddy ganz einfach, wenn man's mal kapiert hat. Die Internationale für ein Bier, die Marseillaise für einen Vielprozenter.
Gregor meditiert angestrengt in mein leeres Glas hinein. Er brütet was aus, ich kenne ihn. Und richtig: Plötzlich ruckt sein Kopf in die Höhe, er strafft die Schultern und verkündet:
»Demokratie ist doch scheiße.«
»Endlich hast du's kapiert«, triumphiert Teddy und schlenzt zwei lausig gezapfte Pils vor unsere Nasen. »Politik wird nicht im Bundestag gemacht, sondern in Vorstandsetagen und Lobby-Lounges. Wahre Volksherrschaft kann nur durch eine Partei der Arbeiterklasse erkämpft werden.«

»Komm runter von den Barrikaden, Teddy«, mahnt Gregor gestrenge. »Heute ist Sonntag, da ist kein Klassenkampf.«
»Sag mal, was haste denn auf einmal gegen die Demokratie?«, will ich von Gregor wissen. »Du bist doch sonst immer für Runde Tische und Ausredenlassen und so.«
»Ja, schon«, räumt Gregor ein. »Aber das zentrale Problem ist ganz was anderes, nämlich unser Wahlrecht. Das Grundgesetz sagt, dass die Wahlen frei, geheim, direkt und gleich sein sollen. Und gleiche Wahlen, das ist der Riesenhaken.«
»Wie… gleiche Wahlen?«, frage ich und liebkose die Rundungen meines Bierglases.
»Naja, gleiche Wahlen heißt: Jeder hat eine Stimme, und die zählt gleich viel.«
»Ja und? Ist doch gerecht!«
»Ist eben nicht gerecht!«, widerspricht Gregor. »Das bedeutet nämlich, dass die Stimmen all der Vollidioten, die nix anderes im Kopf haben als: Tank voll, Rechner schnell, Grill an und Beine breit, dass deren Stimmen genauso viel zählen wie meine.«
»Na komm, du liest doch in der Zeitung auch immer zuerst den Sportteil«, wende ich ein.
»Ja, aber doch bloß wegen der sportpolitischen Kommentare, du Plattkopf!«, erwidert Gregor und tut so, als wolle er mich mit seinem Bierdeckel bewerfen. »Es kann doch nicht sein, dass Leute, die 3sat für ein mehrgängiges Menü halten und am Liebsten in einer Monarchie leben würden, in der der König der

Löwen regiert, dass die genauso viel Kreuze machen dürfen wie ich. Und meinetwegen auch du!«
»Ja, schon Mist.«, gebe ich zu. »Aber was willste machen?«
»Ganz einfach«, antwortet Gregor. »Man muss das Wahlrecht an den Nachweis politischer Bildung koppeln.«
»Hä?«, mache ich. Im Gegensatz zu Gregor nehmen bei mir mit zunehmendem Bierkonsum gedankliche Schärfe und Klarheit der Aussprache immer mehr ab.
»Ist doch nicht so schwer zu kapieren!«, rüffelt mich Gregor. »Die Leute müssen in der Wahlkabine nicht nur den Stimmzettel ausfüllen, sondern zusätzlich noch einen kleinen schriftlichen Test, der ihr politisches Wissen prüft.«
»Und wer diesen Test nicht besteht?«
»Dessen Stimme ist ungültig, ganz einfach.«
»Alter, das ist doch super undemokratisch!«, wende ich ein.
Da haut Gregor mit der Faust auf den Tresen.
»Demokratie lebt von Interessenten, nicht von Konsumenten.«
»Ey, hast du 'nen Wolfgang Thierse gefrühstückt, oder was?«, frage ich und umfasse mein Glas fester, weil Gregor schon wieder begehrliche Seitenblicke auf mein Bier wirft.
»Sieh es doch mal so«, sagt Gregor verdächtig sanftmütig, »wer autofahren will, der braucht einen Führerschein, weil er sonst Unfälle baut. Naja, und wer

wählen will, der soll halt beweisen, dass er kein politischer Geisterfahrer ist. Ist doch logisch.«

»Und was willste bei so einem Test fragen? An welchem Wochentag die SPD gegründet wurde, oder was?«

»So'n Quatsch doch nicht!«, mault Gregor. »Du mit deinen Sozis immer.«

»Das weißt du nämlich ausnahmsweise mal nicht!«, sage ich triumphierend. »Die SPD wurde an einem Dienstag gegründet. Montags hatte August Bebels Stammkneipe Ruhetag.«

Jetzt feuert Gregor tatsächlich seinen Bierdeckel auf mich ab. Ich ducke mich weg, das Geschoss landet im Kartoffelsalat, den ich Schlag 18 Uhr beiseite geschoben habe.

»Aber jetzt sag mal wirklich, wie soll dein Politquiz denn aussehen?«, mischt Teddy sich ein.

Gregor schnippt mit dem Finger gegen sein leeres Bierglas und sagt:

»Ich hab zuerst an einen kleinen Aufsatz gedacht. Einen schlichten Zehnzeiler über das Prinzip der Gewaltenteilung zum Beispiel. Oder zu der Frage, warum ganz vorn im Grundgesetz steht, dass der Staat gefälligst die Würde des Menschen zu achten und zu schützen hat.«

»Allons, enfants de la patrie!«, singe ich, denn jetzt brauche ich tatsächlich dringend einen Vielprozenter.

»Gute Idee!«, stimmt Gregor mir ausnahmsweise zu.

»Ja, nee, aber mal ehrlich, das ist doch 'ne Schnapsidee!«, sage ich und klaube Gregors Bierdeckel aus dem Kartoffelsalat. »Da dauert das Auszählen doch ewig, wenn man erst die ganzen Aufsätze durchlesen muss!«

»Stimmt leider«, gibt Gregor zu. »Wenn sich wegen der Hochrechnungen der Tatort verschiebt, gibt`s einen Volksaufstand.«

»Also kannste deine Polit-Prosa vergessen«, sage ich und beginne, allerhand Kleinstkartoffelbrocken an ranziger Mayonnaise vom Bierdeckel zu lecken, damit man Teddys Kugelschreiberstriche darunter wieder erkennen kann. Bäh, gibt irgendwie doch 'nen fiesen Geschmack im Mund, so nach Salmonellenvollversammlung. Da kommen die beiden Vielprozenter gerade recht, die Teddy zur Sekunde einschweben lässt.

»Ein Multiple-choice-Test muss her«, fährtGregor fort. »Hat auch den Vorteil, dass man die Stimmen differenzierter gewichten kann.«

»Wie das denn?«, frage ich.

»Indem jeder Wahlberechtige fünf Fragen gestellt bekommt, jeweils mit drei Antwortmöglichkeiten. Wer alle fünf Fragen richtig hat, dessen Zweitstimme wird mal fünf gerechnet, bei vier Treffern mal vier… und so weiter.«

»Und null Richtige heißt null gültige Kreuze ... ganz schön brutal!«, gebe ich zu bedenken. »Gibt's wenigstens 'nen Telefonjoker?«

»Nein!«, sagt Gregor. »Handys müssen vorher bei den Wahlhelfern abgeliefert werden.«

Er hebt den Vielprozenter, wir stoßen an und kippen die feurige Brause in temporärer stiller Eintracht.
»Und was für Fragen sollen das sein?«, erkundige ich mich und schiebe den zugegebenermaßen schlampig abgeleckten Bierdeckel wieder zu Gregor rüber.
Der kratzt sich derweil am Kinn.
»Ich dachte an sowas wie: Wer oder was sind die fünf Weisen? Wo findet man eine Präambel? Was ist ein imperatives Mandat?«
»Gute Fragen!«, antworte ich, und um klarzustellen, dass das ein Lob und kein Zeichen der Ratlosigkeit ist, pfeife ich alle noch nicht mit Schunkeln beschäftigten Hirnzellen zusammen, um drei Antwortmöglichkeiten auszubaldowern.
Aber Moment mal … Präambel? Hängt sowas nicht bei meiner Mutter auf dem Balkon? Und imperative Mandate habe ich wirklich mehr als genug unter meinem Scheibenwischer gehabt, als ich noch einen Führerschein hatte. Bleiben also bloß die fünf Weisen. Die richtige Antwort ist klar, aber wen nimmt man als falsche Fünfer? Mal überlegen. Caspar, Melchior, Balthasar? Zwei zu wenig. Die drei Schwestern? Anderes Geschlecht, gleiches Problem. Die glorreichen Sieben? Vor der Ballerei zwei zu viel, nach dem Gemetzel auch zwei zu wenig.
Die Rettung kommt wie so oft von der anderen Seite des Tresens, denn mein trüber Blick bleibt an zwei Dingen hängen: einem schicken schlanken Glas und dem ZDF-Logo links über dem Endergebnis, dem vorläufigen, amtlichen.

Wenn nur nicht irgendein elender Rosstäuscher diese Bleigewichte an meine Zunge geklöppelt hätte... Ich reiße mich zusammen, so gut es geht, und lege los wie der von mir sehr verehrte Hans-Joachim Kuhlenkampff:

»Sind die fünf Weisen: A: ein unabhängiges Gremium von Volkswirtschaftlern, das halbjährlich im Auftrag der Bundesregierung ein Gutachten zur konjunkturellen Lage erstellt? Oder B: Handelt es sich bei den fünf Weisen um den Kristallweisen, den dunklen und den hellen Hefeweisen sowie die beiden alkoholfreien Hefeweisen? Oder C: Heißen die fünf Weisen Anton, Berti, Conni, Det und Fritzchen?«

»Die Mainzelmännchen!«, schnaubt Gregor.

Als ich entschuldigend die Hände hebe, kidnappt er mein Bier. Und noch bevor ich protestieren kann, platzt Teddy dazwischen:

»Die richtige Antwort lautet: Gedungene Wissenschaftsknechte, die das kapitalistische Wirtschaftssystem pseudolegitimieren, das sind die sogenannten fünf Weisen! Stell doch lieber mal die richtigen Fragen. Zum Beispiel: Welches dieser Menschenrechte steht nicht im Grundgesetz: A: Das Recht auf körperliche Unversehrtheit? B: Das Recht auf Arbeit? Oder C: Das Recht auf freie Meinungsäußerung? Hä? Na? Ich sag's euch: Antwort B! Das elementare Menschenrecht auf Arbeit kommt in eurem Grundgesetz nicht vor!«

»Verrat doch nicht alles!«, maule ich und muss dabei ein Gähnen unterdrücken.

»Wenn Ihr beide weiterhin vom Grundrecht auf freie Meinungsäußerung Gebrauch macht, dann schränke ich gleich bis auf Weiteres euer Recht auf körperliche Unversehrtheit ein«, droht Gregor.

»Nanananaaanananaaaanana….«, nuschele ich, weil mir der exakte französische Wortlaut der Vielprozenter-Order inzwischen entfallen ist. Und irgendwie wird langsam auch mein Kopf wieder ein bisschen schwer. Trotzdem muss ich noch eine gute Idee loswerden:

»Wie wäre es denn, wenn man einen besonderen Anreiz schafft, um die Wähler ein bisschen auf Trab zu bringen? Ein Gewinnspiel oder so?«

»Großartige Idee!«, feixt Gregor und tippt sich mit dem Bierdeckel an die Schläfe. »Unter allen Wählern mit fünf Richtigen verlost die Bundesregierung ein Meet&Greet mit Wolfgang Schäuble. Oder Thorsten Schäfer-Gümbel.«

»Nein, mit Sahra Wagenknecht, wem denn sonst!«, seufzt Teddy. Er hat auf einmal leuchtende Augen.

Ich kichere zugegebenermaßen blöde, weil Gregor sich eben ein mayonnaisegetränktes Kartoffelbröckchen andie Denkerstirn gespachtelt hat, als er mir mit dem Bierdeckel einen Vogel gezeigt hat. Teddy bezieht das Gekicher auf sich und seine Sahra und knallt schwer angesäuert die Schnapsgläser auf den Tresen. In einem Tonfall irgendwo zwischen spanischer Inquisition und Moskauer Schauprozess fragt er Gregor: »Glaubst du eigentlich ernsthaft, dass diese reaktionären Spießergesellen weniger Prozent

kriegen, wenn dein Polit-Test durchgeführt wird?«
»Keine Ahnung!«, erwidert Gregor. »Ich mein bloß… sieht ja schwer danach aus, als wenn hier langsam ein paar Schweinereien salonfähig werden, von denen dann hinterher wieder keiner was gewusst haben will. Und vielleicht kann man das verhindern, wenn diejenigen nicht mitwählen dürfen, die jetzt schon nix wissen.«
Oha, denke ich noch so, während sich mein Kopf auf sachten Sinkflug begibt, jetzt ist Gregor schon im Montagsmodus und hat diesen moralinsauren Gemeinschaftskundelehrer-Sound drauf. Und seltsam, auf einmal habe ich diesen mütterlichen Impuls, in eine Serviette zu spucken und den Kartoffelbrocken von Gregors Stirn zu feudeln… Meine Müdigkeit sitzt allerdings eindeutig am längeren Hebel, schon schmiegt sich meine Wange an das Marmorimitat. Teddy sagt irgendwas zu Gregor, aber ich verstehe bloß noch Volksvernuschelung. Das Letzte, was ich sehe, bevor mir die Augen zufallen, das ist die Silhouette des schwindsüchtigen roten Balkens im vorläufigen amtlichen Endergebnis.
Aber was ist das denn? Der weint ja bitterlich!
»Hallo, kleiner roter Balken!«, rufe ich ihm zu, »Du wackerer Restposten der Sozialdemokratie, sei nicht traurig. Nächstes Mal bist du wieder groß und stark. Da dürfen dann nämlich nur die wählen, die wissen, an welchem Wochentag die SPD gegründet wurde.«

Spielverderber

Die Würfel sind gefallen. Großartiger Satz, oder? Richtiger Knaller. Da weiß man gleich: Jetzt geht's ans Eingemachte. Niete oder Hauptgewinn, Krieg oder Frieden, Leben oder Tod. Oder eben um noch wichtigere Dinge, nämlich die Frage: Wer gewinnt das letzte Spiel des Spielabends, die traditionelle Partie *Mensch ärgere dich nicht*?

Hier und jetzt sind allerdings nicht die Würfel gefallen, sondern nur der Würfel, und dieser eine auch bloß aus einszwanzig Höhe vom Spieltisch hinab auf einen grobflusigen Naturteppich. Er ist regelrecht darin versunken und mir schwant, dass damit rein gar nichts entschieden ist.

Billie, eigentlich Sibylle, die allerbeste aller besseren Hälften, hat beim Würfeln etwas viel Schmackes im Handgelenkschwung gehabt, wahrscheinlich im Hochgefühl des bevorstehenden Triumphs. Ihr fehlt nur noch eine Sechs, dann ist auch ihre vierte Spielfigur im Zielhäuschen verschwunden und der Spieleabend zu Ende. Und ich werde eine Belohnung von Billie kriegen, später dann.

Claas und Sonja sitzen der Absturzstelle am nächsten, sie starren über die Tischkante hinab auf den Landeplatz des Würfels.

»Und?«, fragt Billie.

»Ganz schwieriger Fall«, antwortet Claas. »Der klemmt zwischen zwei Flusen. Ich schaue mir die Sachlage mal genauer an!«
Spricht's und rutscht seitlich vom Stuhl auf die Knie. Ziemlich elegant für einen Steuerberater, das muss man ihm lassen. Allerdings ist Claas schon vor Jahren aus dem Job ausgestiegen, um sich um Sohnemann Noah zu kümmern. Er macht nur noch schwarz die Steuererklärungen in Nachbarschaft und Freundeskreis. Meine und die von Billie natürlich auch.
»Der ist auf der Kippe gelandet. Schwer zu sagen, ob das eine Fünf oder eine Sechs ist«, verkündet Claas.
»Oha«, erwidert Billie hörbar unernst. »Da braucht man ja 'ne Lupe!«
»Das ist überhaupt die Idee!«, ruft Claas aus und klatscht sich die flache Hand gegen die Stirn. »Dass ich da nicht selbst drauf gekommen bin.«
»Ich kann doch einfach nochmal würfeln«, sagt Billie, doch Bierernst und Feuereifer haben Claas bereits aus dem Zimmer katapultiert.
»Der Claas klärt das schon«, meint Sonja. »Es soll ja schließlich alles seine Richtigkeit haben. Und wenn es wirklich eine Sechs ist, hast Du gewonnen, Sibylle. Wäre doch toll, ich gönne dir das total, auch wenn Du eben schon bei Scotland Yard gewonnen hast.«
Auch ich gönne Billie den finalen Triumph, und zwar je eher desto lieber, weil ich Spieleabende - vorsichtig ausgedrückt - nicht mag. Und heilfroh sein werde, wenn dieser hier vorbei ist. Es widerstrebt mir seit jeher, meine grauen Zellen mit Wissen darüber

zu behelligen, wann ich zweimal würfeln darf und wann ich eine Runde aussetzen muss, es sei denn, ich kann pantomimisch glaubhaft einen traurigen Wasserfall darstellen, dann muss ich nämlich keine Runde aussetzen, sondern darf zwei Felder vor. Oder sind es vier? Okay, Anfang der Achtziger haben wir eine Zeitlang dauernd Risiko gespielt. Da galt es, per Würfel Länder und Kontinente zu erobern. Tagsüber haben wir gegen die NATO-Nachrüstung demonstriert und nachts kompromisslos um die Weltherrschaft gewürfelt. Höllisch aufpassen musste man dabei. Wer nur mal fünf Minuten aufstand, um die letzten vier Whisky-Cola in Nachbars Vorgarten zu kotzen, der war hinterher Europa und fast ganz Asien wieder los und hockte bloß noch auf einem Häufchen Kamchatka.
Bei den Spieleabenden mit Sonja, Claas und Billie schneide ich immer bescheiden ab, weil ich nie richtig zuhöre, wenn die Spielregeln erklärt werden. Wobei ich den ganzen Abend über so tue, als hätte ich Riesenspaß am Spiel, clever, wie ich bin. Wer immer noch glaubt, Männer bekämen keinen Fake-Orgasmus hin, der hat mich noch nie jubeln hören, wenn ich zur rechten Zeit einen Pasch gewürfelt oder eine günstige Rohstoffkarte erwischt habe. Den anderen dreien fällt mein abendfüllendes Theater nie auf, so sehr sind die dem Spielrausch verfallen. Das alles tue ich nur Billie zuliebe, denn wie heißt es so schön: Glück in der Liebe, Pech mit regelmäßig wiederkehrenden Spieleabenden. Und

Billie hat halt seit jeher dieses Leuchten in den Augen, wenn sie das Wort Ravensburger hört. Also dackle ich alle vier Wochen mit ihr eine Treppe abwärts zu Sonja und Claas, jeden ersten Dienstag im Monat. Und klar, freue mich darauf, dass ich hinterher jedes Mal von Billie belohnt werde.
Claas und Sonja haben ein extra Spielezimmer, und ich gestehe freimütig, ich kann die milde Ironie nicht teilen, mit der die beiden diesen Raum »unsere Spielhölle« nennen. Für mich ist das eine lupenreine Folterkammer. Ringsum an den Wänden stehen Regale mit allen Spielen des Jahres seit dem Westfälischen Frieden, und in der Mitte befindet sich der große Spieltisch, auf dem eine Filzdecke liegt, damit die Würfel nicht so klappern und womöglich den kleinen Noah aufwecken.
Inzwischen sind aus dem Nebenzimmer Kram- und Wühlgeräusche zu hören – und kurz darauf ein leises Plärren aus einem kleinen, lautsprecherartigen Gerät, das neben dem Spielbrett auf dem Tisch steht. Das wiederum veranlasst Sonja, hinter Claas her zu stürzen. Ein paar Zischlaute erklingen, und der Wühlkrach nebenan erstirbt. Das Plärren aus dem Kleinlautsprecher ist inzwischen lauter geworden, doch schon ist Sonja zurück, nimmt das Gerät zur Hand, drückt auf einen roten Knopf und singt hinein: »Deutscher Meister wird nur der FCB!«
Dazu muss man zwei Dinge wissen: Erstens hat Claas die viele freie Zeit zur Kindererziehung dazu genutzt, aus Noah einen glühenden Bayern München-Fan zu

machen. Und der kleine Bayern-Noah ist schon ein richtig großer Choleriker. Vor Kurzem erst hat er in einem Spielwarenladen einer Biene Maja-Puppe mit bloßen Händchen den Kopf abgerissen und dabei »Scheiß-BVB, Scheiß-BVB« gebrüllt. Billie musste ich hinterher ein bisschen Fußball-Farbenlehre beibringen, damit sie kapierte, dass nicht nur Bienen schwarz-gelb gestreift sind, sondern auch Borussia Dortmund, kurz: BVB, der ärgste Widersacher Bayern Münchens.

Zweitens und eigentlich noch bemerkenswerter: Das Gerät, in das Sonja eben hineingesungen hat, das ist Babyphone und Gegensprechanlage in Einem. Es übermittelt also nicht nur Sprösslings Jammer- und Brammtöne, sondern gibt Eltern obendrein die Möglichkeit, erstmal beruhigend auf den kleinen Unruheherd einzuquatschen, ohne gleich vom Sofa aufspringen zu müssen.

Diese Baby-Gegensprechanlage ist Sonjas Erfindung. Sie studiert nebenher genderzentrierte Feinelektronik an der Fernfachhochschule Worpswede. Mag sein, das Studium heißt ein bisschen anders, wie gesagt, ich höre an solchen Spieleabenden immer nur halb zu, da leidet die Wahrnehmungspräzision manchmal ein wenig. Worpswede stimmt auf jeden Fall. Eigentlich ist Sonja Erzieherin, aber sie hat schon vor Jahren auf Erwachsenenbildung umgesattelt und macht einen Mordsreibach mit Wochenendkursen zur Softskill-Optimierung. Die heißen dann »Achtsames Mobbing« und so. Zugegeben, auch da

kann es sein, dass ich was unsauber verstanden habe. Jedenfalls vertreibt Sonja diese Gegensprechanlagen online, das Geschäft geht richtig gut. Ihre Erfindung hat es sogar auf die Shortlist für den Innovationspreis der Interessensgemeinschaft Anonymer Helikoptereltern geschafft. Diese Interessensgemeinschaft, hat Sonja erzählt, existiert bisher nur als facebook-Gruppe, aber die Mitglieder wollen sich auch unbedingt mal persönlich treffen, wenn die Kinder aus dem Gröbsten raus sind. Mal ein Auslandssemester haben, oder so. Inzwischen hat Sonja mit einem guten Dutzend »Heja, heja, FCB«-Gesängen Noah zurück in den Schlaf befördert, und Claas ist mit einer Lupe in der Hand in die Spielhölle zurückgekehrt.
»Dann wollen wir mal«, sagt er unternehmungslustig, während er sich im Schneidersitz auf den Grobflusen niederlässt. Im nächsten Moment kippt er seinen Körper seitwärts, so dass er nun auf dem Teppich liegt und die Lupe in Anschlag bringen kann, Aug in Augen mit dem Würfel. Den Schneidersitz hat er dabei beibehalten, der … wie soll man das beschreiben… ragt hochkant in die Luft.
»Mensch, das sieht ganz schön unbequem aus, wie du da liegst!«, sagt Billie halb mitfühlend, halb amüsiert zu Claas. »Mir würden da die Beine einschlafen.«
»Der Claas und ich, wir machen GoHok, da wird man beweglich«, erklärt Sonja.
»Go *was*?«, frage ich und habe damit immerhin auch mal wieder was gesagt.

»GoHok«, wiederholt Sonja und nickt zu beiden Silben. »Das ist eine alte hinterasiatische Meditations- und Körperkunst.«
»Bewusst atmen und immer ein bisschen in den Gelenken federn, dann gibt es keine Probleme mit der Durchblutung«, ergänzt Claas und wackelt dazu mit dem Knie, das Richtung Decke zeigt.
»Was hat Billie denn nun gewürfelt?«, frage ich und hoffe, dass meine Ungeduld als Neugier durchgeht. Ich will endlich von Billie belohnt werden!
»Also, ich würde mit aller Vorsicht sagen, dass die sechs Augen etwas mehr nach oben zeigen. Aber um ganz sicher zu gehen, müsste ich eine Wasserwaage holen«, sagt Claas. Als er aufstehen will, legt Sonja ihm eine Hand auf die Schulter, drückt ihn nieder und sagt ganz sanft: »Lass mal die Wasserwaage, Claas. Wir müssen akzeptieren lernen, dass es eine Sechs ist, und damit hat die liebe Sibylle schon wieder gewonnen. Ich freu mich total für dich!«
»Naja, wenn das nicht eindeutig ist, dann würfele ich einfach doch nochmal«, antwortet Billie.
»Das fänd ich nicht so toll«, entgegnet Sonja nicht mehr ganz so sanft. »Der Claas hat sich extra die Mühe mit der Lupe gemacht. Außerdem: Gewonnen ist gewonnen. Es macht sonst keinen Spaß, wenn jemand nicht gewinnen will, das heißt nämlich, dass derjenige das Spiel nicht ernst nimmst und nicht bei der Sache ist.«
»Klar will ich gewinnen«, sagt Billie, »aber es ist doch trotzdem nur ein Spiel.«

»Es war mir nicht klar, dass Du das so siehst«, entgegnet Sonja pikiert. »Du weißt schon, dass deine Einstellung demütigend für die Mitspieler ist, die sich richtig Mühe geben. Und dass du damit unsere Spieleabende grundsätzlich in Frage stellst?«
Eine kleine Pause entsteht, in der nur Sonjas Empörungsatmen zu hören ist, bevor sie fragt:
»Was meinst du denn eigentlich dazu?«
Mit »du« meint sie dummerweise mich.
»Ich weiß nicht«, sage ich wahrheitsgemäß.
»Sei mir nicht böse, aber das ist typisch für dich«, giftet Sonja. »Du hältst dich raus und gehst den Weg des geringsten Widerstands. Wie immer. Und wahrscheinlich glaubst du auch, dass wir nicht merken, dass du gar keine wahre Spielfreude hast, sonst immer nur so tust, als würde es dir Spaß machen, und in Wahrheit überhaupt nicht aufpasst. Du hältst uns wohl für sehr dumm?«
Bevor ich ein zweites Mal wahrheitsgemäß antworten kann, schaltet sich Claas ein, der wandelnde Vermittlungsausschuss:
»Also, ich schlage vor, wir stimmen ab«, sagt er aus seinem Schneidersitz heraus. »Wer ist dafür, dass Billie gewonnen hat?«
Zwei Arme gehen hoch, die von Sonja und Claas.
»Und wer ist dafür, dass Billie nochmal würfelt?«
Jetzt meldet sich Billie, ich schließe mich solidarisch an.
»Ich finde es unerträglich, wie du der Sibylle in den Rücken fällst!«, faucht Sonja mich an.

»Aber wieso denn… ich bin doch ihrer Meinung«, antworte ich und zeige mit der linken Hand auf meinen immer noch erhobenen rechten Arm.
»Ja, aber damit hast du verhindert, dass die Sibylle gewinnt. Du bist durch und durch Spielverderber!«
Billie und ich tauschen einen kurzen Blick und denken wie so oft dasselbe. In diesem Fall, dass wir jetzt die Klappe halten, weil wir keine Lust haben, uns nächstes Jahr allein mit der Einkommenssteuererklärung herumzuschlagen.
»Soll ich uns vielleicht allen einen leckeren Tee machen?«, fragt Claas behutsam.
Da niemand widerspricht und Sonja ihren Schultergriff gelockert hat, erhebt sich Claas aus seinem Schneidersitz.
Jetzt stellt sich allerdings heraus, dass er wohl doch nicht genug GoHok gemacht und in den Gelenken gefedert hat, denn die Beine knicken ihm weg. Er kippt nach vorn über, und um nicht mit dem Unterkiefer auf der Tischkante aufzuschlagen, stützt er sich mit den Handflächen auf der Tischplatte ab. Auf dem Mensch-ärgere-dich-nicht-Spielbrett genauer gesagt – und da purzelt es nun gelb, rot, blau, grün lustig und unrekonstruierbar umeinander. Wunderbar, denke ich still vergnügt, jetzt ist der Abend endlich aus, und ich kriege gleich meine Belohnung. Billie und ich greifen natürlich sofort beherzt zu, sie mit ihrer Krankenschwestern-Routine, ich mit alten Zivi-Reflexen. Gemeinsam hieven wir den schlaffen Claas auf seinen Stuhl.

»Ich hab wahrscheinlich nicht genug auf meine Atmung geachtet«, sagt er entschuldigend, und dann, mit einem Kopfnicken Richtung Spielbrett: »Warum fangen wir das Spiel jetzt nicht einfach ganz von vorn an?«
Bitte, bitte nicht, denke ich, aber Billie sagt schon:
»Ja, klar. Super Idee!«
»Es ist ja auch noch nicht so spät«, pflichtet Sonja süßsäuerlich bei.
»Das wollte ich auch schon vorschlagen!«, behaupte ich und verstärke damit noch die vielstimmigen Zeter und Mordio-Variationen, die durch meine Hirnwindungen marodieren. Immerhin spuckt eine davon soeben eine brauchbare Idee aus.
»Ich muss nur vorher nochmal kurz für kleine Spielverderber«, sage ich und zwinkere Sonja zu, die mich geflissentlich ignoriert und fortfährt, die Spielfiguren auf Stunde Null zu stellen.
Im Flur steuere ich dann allerdings nicht aufs Bad zu, sondern auf die Tür nebendran. An der klebt ein Uli Hoeness-Poster. Ich öffne sie sehr leise, schlüpfe hinein, bedecke ganz vorsichtig mit der flachen Hand die Baby-Gegensprechanlage und singe ins Dunkle:
»Zieht den Bayern die Lederhosen aus, Lederhosen aus, Lederhosen aus!«
Und kaum habe ich die Tür rasch und sacht wieder zugemacht und mich im Badezimmer eingeschlossen, da ertönt von nebenan infernalisches Wutgeschrei. Als ich mit Unschuldsmiene aus dem Badezimmer komme, stürzt Sonja an mir vorbei in Noahs

Zimmer, aus dem allerlei Kinderspielzeug geflogen kommt. Claas humpelt hinterdrein, duckt sich, um nicht von einem Spielzeugwindrad getroffen zu werden, und sagt zu mir: »Du, sorry, wir müssen das Wiederholungsspiel leider verschieben.«
»Schade!« rufe ich ihm hinterher und gehe vergnügt in die Spielhölle, um Billie zu befreien.
»Kriege ich jetzt meine Belohnung?«, frage ich sie.
»Hier?«, erwidert Billie mit lausig gespieltem Entsetzen.
»Natürlich nicht hier«, beruhige ich sie.
»Sag mal, kann es sein, dass du eben ein bisschen geschummelt hast?«, will sie wissen und kneift dabei die Augen zusammen.
»Ich? Niemals!«, versichere ich im Tonfall einer ganzen Herde Unschuldslämmer.
»Okay, dann spielen wir jetzt noch ein Spiel.«
Billie hebt den Würfel vom Grobflusenteppich auf. »Wenn Du zuerst eine Sechs würfelst, dann belohne ich dich– und wenn ich zuerst eine Sechs habe, belohnst Du mich! Alles klar?«
»Alles klar!«, frohlocke ich, denn diese Sorte Regeln kapiere selbst ich. »Und wer würfelt zuerst?«
»Wer zuerst würfeln darf?«, fragt Billy und hat auf einmal wieder dieses Ravensburger Leuchten in den Augen. »Also... wer zuerst würfelt, das müssen wir natürlich erstmal auswürfeln!«

Nichtschwimmer

In den Sommerferien des Jahres 1977 hat mich meine Mutter in die Hölle geschickt. Einfach so, ohne große Vorwarnung. Aber, das muss ich fairerweise dazu sagen, sie holte mich auch wieder heraus.
Bis dahin hatte ich mir die Hölle so vorgestellt, wie sie mir von den Erwachsenen ausgemalt wurde: klumpfüßiger, übellauniger Typ mit Dreizack als Vorsteher, drinnen schlechte Luft, diffuses, rotes Licht, viel Gebruzzel, viel Gemarter, viel Gezeter. Als Neunjähriger ist man eben noch nicht so lang auf der Welt, dass man sich eigenständige Gedanken darüber macht, was wohl tatsächlich passiert, wenn man das Erdenrund dereinst mit dem einen oder anderen massiven Tadel im Lebensgepäck wieder verlassen muss.
Im Juli '77, da war sie zwar nicht in Ordnung, diese Welt, aber irgendwie doch überschaubar. Helmut Schmidt war Bundeskanzler, Elvis lebte noch, wenn auch nicht mehr lange, und nach Hanns-Martin Schleyer war noch kein Mitgröltempel benannt. Es gab drei Fernsehprogramme, und wenn man das Radio einschaltete, dann beklagten sich auf dem einen Sender Smokie Tag und Nacht darüber, dass nach 24 Jahren *living next door to Alice* diese nun Knall auf Fall ausgezogen sei. So übersetzte mir das zumindest meine große Schwester. Auf dem anderen

Sender pries Peter Alexander die kleine Kneipe in seiner Strasse, in der niemand frage, was man habe oder wer man sei. Letzteres änderte sich allerdings ab Herbst 1977.

Für meine Familie und mich hatte bereits das Frühjahr eine große Veränderung mit sich gebracht: Wir bekamen Telefon. Vorher musste man immer mit zwei Groschen in der Tasche zur Telefonzelle wackeln und hoffen, dass der Münzschlitz nicht mit einem Kaugummi verklebt war. Das hatte nun ein Ende. Pünktlich acht Wochen nach Antragsstellung bei der Deutschen Bundespost stand auf unserem Schuhschrank ein giftgrünes Telefon, dessen Wählscheibe eifrig ratterte, wenn man den Zeigefinger hineinsteckte und schwungvoll nach rechts drehte.

Für mich selbst war das Jahr 1977 bis dahin eigentlich ganz prima gelaufen. Ich war problemarm durchs dritte Schuljahr gekommen, mein Zeugnis vermeldete: alles paletti in Sachen Lesen und Schreiben, beim Rechnen hielt sich der Bewertungsdaumen zumindest in der Waagerechten. Außerdem hatte ich meine Mutter davon überzeugen können, dass meine neue Brille nicht wieder so ein Horngestell werden durfte, das jeden Neunjährigen wie Herbert Wehner aussehen ließ. Und obendrein war Gladbach erneut Meister geworden.

Aber dann kam dieser verregnete Juli-Tag und es war Schluss mit prima 1977. Meine Mutter nahm mich an die Hand, lieferte mich in der Hölle ab – und ging von dort aus zum Friseur.

Über dem Tor zur Hölle prangte ein einziges Wort. Hallenbad. Schneller als mir lieb sein konnte, begriff ich denn auch, dass es in der Zentrale des Bösen keineswegs unerträglich heiß war, auch nicht nach Schwefel stank. In Wahrheit war sie hellblau gekachelt, mit Fußduschen ausgestattet und roch nach Chlor. Und dem Teufel wuchsen weder Hörner, noch hatte er einen Klumpfuß. Er trug ein zu enges weißes T-Shirt und zu kurze Shorts, dazu Badelatschen, die bei jedem seiner gemächlichen Schritte mit einem ohrfeigenartigen Geräusch gegen die Fersen klatschten. Ob seine Augen glühten, konnte ich nicht beurteilen, denn er trug, obwohl die Sonne weder draußen noch drinnen schien, eine verspiegelte Sonnenbrille.
Statt eines mannshohen Dreizacks hatte er eine Trillerpfeife bei sich, die er alle zwei Minuten unter seinen mächtigen Schnurrbart schob um hineinzupusten, sie dann zwischen die Schneidezähne zu klemmen und etwas zu brüllen, was zwar nicht zu verstehen war, aber so bedrohlich klang, dass selbst die versiertesten Arschbomber in vorbildliches Brustschwimmen verfielen.
Diesem Badeteufel lieferte meine Mutter mich in jenem Sommer 1977 aus, weil sie der Meinung war, ihr Sohn solle sich endlich nicht nur an Land, sondern auch im Wasser sicher und gekonnt fortbewegen können. Allerdings nicht aus Angst, ich könne ertrinken. O nein, sie sorgte sich um meinen guten Ruf.

»Du willst doch nicht, dass die anderen Jungs dich auslachen, oder?«, fragte sie mich.
Dass die das sowieso taten, weil meine Turnschuhe einen Streifen zu wenig hatten und meine Hosen zwei Bügelfalten zu viel, und dass es deswegen auf das bisschen Nichtschwimmen auch nicht mehr ankam, interessierte sie nicht.
Was tun? Guter Rat war teuer. Und für zwei Mark fünfzig Taschengeld nie und nimmer zu haben. Die gingen sowieso für Hui Buh-Kassetten drauf. Sollte ich nun meiner Mutter erklären, dass ausgerechnet die größten Idioten meiner Klasse die Badehosen voller aufgenähter Abzeichen hatten, die sie als verwegene Schwimmer, Springer oder Taucher auswiesen? Dass ich viel lieber mit Conny am Beckenrand saß, die genauso wasserscheu war wie ich? Und so charmante Sommersprossen hatte, dass ich das erste Mal in meinem Leben Herzklopfen bekam, das nicht auf den Genuss der selbstgemachten Berliner meiner Oma Wilhelmine zurückzuführen war? Und dass ich am letzten Schultag auf dem Heimweg lauthals Living nextdoorto Conny gesungen und mir dabei vorgenommen hatte, nicht wie die Idioten von Smokietwentyfouryears auf meine Chance zu warten?
Weil ich über Antworten auf all diese Fragen nachgrübelte, fiel mir logischerweise keine wasserdichte Ausrede ein, und so wälzte meine Mutter das zartgelbe, dickleibige Telefonbuch, ließ die Wählscheibe rattern und meldete mich zu einem Ferienschwimmkurs im Burgdorfer Hallenbad an.

»Wirst sehen, hinterher bist Du froh, dass Du es gemacht hast«, sagte sie, nachdem sie den Hörer mit Schwung auf die Gabel zurückbefördert hatte. Nachträgliches Frohsein, das war ihr Standardargument, wenn sie mir unerfreuliche Dinge schmackhaft machen wollte: Zimmer aufräumen, Zahnarztbesuche, Bundesjugendspiele.

Um mich aufzumuntern, kaufte sie mir eine neue Badehose. Die durfte ich sogar selber aussuchen: So eine blaurot gestreifte mit silbernen Sternchen drauf war das, Modell Stars andStripes. Politisch schon damals nicht hundertprozentig korrekt, aber ohne Bügelfalten, das war die Hauptsache.

Die schicke Badehose half mir allerdings überhaupt nicht weiter, als ich vor dem Badeteufel stand, während meine Mutter für die Dauer von WaschLegenFöhnenZementieren unerreichbar war. In dieser Zeit konnte ich dreimal absaufen und ertrinken. Sie würde unter ihrer Trockenhaube meine Hilfeschreie nicht hören, vom finalen Blubbern der Luftbläschen, die die letzten Reste meiner Atemluft enthalten würden, ganz zu schweigen.

»Brauchst du 'ne Extraeinladung, Yankee?« schnauzte der Badeteufel und riss mich damit aus meinen Katastrophenphantasien.

Notgedrungen setzte ich einen Fuß auf die Leiter ins Becken, machte sogar einen zweiten und dritten Schritt abwärts in die eigens für künftige ehemalige Nichtschwimmer abgesperrte Bahn. Dann befiel mich jene Angst, die mich immer heimsuchte, wenn der Wasserspiegel meinen Bauchnabel erreichte. Noch mehr Stufen hinunter konnte ich auf keinen Fall, dort lauerte das unbeherrschbare Element Wasser. Hinauf aber ging es erst recht nicht, denn am oberen Ende der Leiter stand inzwischen mit verschränkten Armen der Badeteufel und versuchte, mich mit kurzen, rhythmischen Pfiffen ins Wasser zu treiben.

Ich ließ die Griffe der Leiter los, um mir die Ohren zuzuhalten. Und plötzlich war ich unter Wasser, strampelte, sank trotzdem wie ein Stein, tief und tiefer. Der hellblau gekachelte Grund kam immer näher. Ein furchtbarer Druck lag auf meinen Ohren, da half kein Zuhalten. Und ich schluckte Wasser, immer mehr Wasser, durch Mund und Nase. Da fiel mir die Lösung ein: Na klar, ich musste das Becken leertrinken, einfach ratzekahl leer, dann konnte ich ja gar nicht ertrinken…

Irgendwann später erlangte ich für einen Moment das Bewusstsein zurück und sah mich doppelt – im linken und rechten Glas einer Sonnenbrille. Vor meinen Augen baumelte eine Trillerpfeife. Richtig aufwachen ließ mich kurz darauf ein klatschendes Geräusch. Das rührte nicht von den Latschen des Badeteufels her, sondern von einer Ohrfeige, die meine Mutter diesem verpasste.

Ich kann aus seltener, aber prägnanter eigener Erfahrung heraus sagen, dass das eine ziemlich schmerzhafte Angelegenheit für den Badeteufel gewesen sein muss. Meine Mutter ist einssechzig und hat in ihrem ganzen Leben nie mehr als fünfzig Kilo gewogen, aber sie hat einen beachtlichen Bums im rechten Oberarm.

Und in den Stimmbändern erst recht. Während ich noch immer auf dem Rücken am Beckenrand lag und erheblich mit dem Chlorgeschmack in Mund und Speiseröhre haderte, setzte es für den Badeteufel eine Standpauke, die mir ebenfalls durchaus bekannt vorkam. Natürlich nicht inhaltlich, denn ich zwang ja allenfalls mal eine Spinne in der Badewanne zum unfreiwilligen Untertauchen. Aber der schneidende Tonfall, der war mir bestens vertraut. Mit dem pflegte meine Mutter ihre Richtlinienkompetenz in Fragen häuslicher Ordnung durchzusetzen. Kriegte ich ihn zu hören, dann hatte ich hinterher immer richtig was aufzuräumen.

Und so wie ich im Sendegebiet des mütterlichen Furors rhetorisch keinen Fuß auf die Erde bekam, so endeten auch alle Entschuldigungsversuche des Badeteufels spätestens nach zweieinhalb Silben. Wobei sich herausstellte, dass er ohne Trillerpfeife im Mund kaum deutlicher sprach als mit.

Meine Mutter tobte, nur ihre frisch restaurierte Frisur wahrte die Façon. Als nach der fünften oder sechsten Nachspiel-Drohung ihre Tirade endete, erhielt sie donnernden Applaus der übrigen Badehöllengäste, die das Tribunal interessiert verfolgt hatten. Mir war das derart peinlich, dass ich kurz eine freiwillige Rückkehr auf den Beckengrund erwog. Ich verwarf diesen Gedanken, denn dann hätte das höllische Theater ja wieder von vorn angefangen. Andererseits tat mir der Badeteufel fast ein bisschen leid. Zumindest bekam ich an diesem Tag, lange bevor ich ein einschlägiges gelbes Reclam-Heft zerlesen hatte, eine Vorstellung davon, was es mit dem sprichwörtlichen armen Teufel auf sich haben musste.

Als ich wieder trocken war und ohne deplatziertes Wasser im Leib, da gingen wir nach Hause. Meine Mutter, ihre neue Frisur und ich. Unterwegs kaufte sie mir, ohne dass ich gequengelt hätte, zwei Hui Buh-Kassetten. Zum Abendbrot durfte ich dann sogar Cola trinken, den verpönten Muntermacher.

An diesem Tag, nach diesem Schreck für uns beide, hätte mich meine Mutter wahrscheinlich Dinge tun lassen, die sonst unter Androhung von mehrwöchigem Nutella- und Väter der Klamotte-Entzug verboten waren: über Jägerzäune klettern etwa, oder einen Kaktus anfassen, um rauskriegen, ob die Stacheln tatsächlich nie, nie, nie wieder aus dem Finger rausgehen.

Wo war mein Vater eigentlich an diesem Abend? Vermutlich mit Peter Alexander in der Kneipe in Peter Alexanders Straße. Hätte er wohl die unheilvollen Pläne meiner Mutter durchkreuzt? Wohl kaum. So ausführlich und so variantenreich hätte er ihre neue Frisur gar nicht loben können, dass sie ihn bei der Kindererziehung hätte mitreden lassen.

»Da gehst Du auf gar keinen Fall wieder hin«, sagte meine Mutter nämlich mit Bestimmtheit zu mir, als der Wetterbericht der Tagesschau wie üblich meine Nachtruhe einläutete. Und setzte, gerade als ich erleichtert aufatmen und mich endlich einer vorsichtigen Ferienstimmung hingeben wollte, hinzu: »Morgen rufe ich im Stadionbad in Hannover an und melde dich zu einem Intensivschwimmkurs an.« In der folgenden Nacht spielte ich mit dem Gedanken, die Wählscheibe unseres Telefons mit ganz viel Kaugummi ratterunfähig zu machen. Dann fiel mir allerdings der Bums wieder ein, der dem rechten Oberarm meiner Mutter innewohnte, und ich begrub alle Sabotagepläne.

Das Schicksal nahm seinen Lauf. Ich lernte im Sommer 1977 tatsächlich schwimmen. Machte den Freischwimmer, Fahrten obendrein, außerdem das Seepferdchen, den Delfin und noch anderes Meeresgetier.

Schuld daran war kein plötzlicher Sinneswandel meinerseits, nein, es war die wasserscheue Conny, die ebenfalls an diesem Intensivkurs teilnahm. Bloß war sie nicht von ihrer Mutter dazu getriezt worden, im Gegenteil. Connys Mama hielt Hallenbäder für unhygienisch, Chlor für schädlich und Schwimmen überhaupt für ziemlich unästhetisch.

Natürlich war auch Conny keineswegs über Nacht zur Wasserratte geworden. Sie hatte sich bloß vom geschiedenen Vater für diesen Kurs anmelden lassen, um ihre Mutter zu ärgern. Der Spaß daran, die mütterliche Autorität zu untergraben, war größer als ihre Wasserscheu.

Und so gingen Conny und ich in jenem Sommer 1977 aus ganz unterschiedlichen Gründen gemeinsam durch die Hölle und lernten Bahn an Bahn schwimmen, ohne es eigentlich zu wollen. Aber, und allein das zählt, wir brauchten auf diese Weise keine 24 Jahre, um herauszufinden, dass wir ein gutes Team waren und zusammen unsinkbar.
Meine Mutter ist übrigens Nichtschwimmerin.

Gustav und der Riesen-Flohmarkt

Gustav hat es jetzt nicht nur schwarz auf weiß, sondern auch noch rot umkringelt. Die Kleinerts wollen ihn loswerden.
Eine Brille in seiner Größe gibt es nicht, deshalb muss sich Gustav die Zeitung dicht vor die Augen halten. Er liest das Inserat nochmals, Buchstabe für Buchstabe diesmal, so, wie es ihm die Schwarzen Uniformen vor langer Zeit beigebracht haben.
Natürlich ist ihm aufgefallen, dass Karin, Claus und die Kinder in letzter Zeit hier und da nachlässig mit ihm umgegangen sind. Ein bisschen beunruhigt war er deswegen, mehr nicht. Dass sie seiner derart überdrüssig sein könnten, hätte Gustav nicht gedacht.
Ihm wird schwindlig. Er schließt die Augen und lehnt sich mit der Stirn gegen den Jalousienkasten. Versucht, klare Gedanken zu fassen.
Gustav weiß selbst, dass er dem Haushalt der Kleinerts nicht mehr so nützlich ist wie früher. Als Kinderkarussell hat er schon länger ausgedient. Früher konnten Saskia und Phillip gar nicht genug davon bekommen, auf ihm herumzutoben, haben sich stundenlang durch die Luft wirbeln lassen. Heute winken sie bei ihrem Kommen und Gehen höchstens mal freundlich zu ihm hinauf.

Obendrein ist Thorben, der Nachzügler, nicht schwindelfrei. Er konnte und wollte deswegen von Anfang an nicht an Gustav hochklettern. Außerdem sitzt er sowieso den ganzen Nachmittag mal in dieser, mal in jener Ecke der Wohnung und beschäftigt sich mit einem sehr kleinen Gerät, das unablässig blinkt und piepst. Thorben ist wirklich ein netter, kleiner Kerl. Er hat Gustav sogar sein Heiligtum zu erklären versucht, doch als der es ausprobierte, erwischte er mit jedem Daumendruck wenigstens vier der kleinen Tasten, woraufhin das Spielgerät beleidigt rülpste.
Nein, das Desinteresse der Kinder hat Gustav keine großen Sorgen bereitet. Die Nachlässigkeit Karins und Claus' schon eher.
Claus hat ihn seit zwölf Jahren jeden Sommer mit zum Angeln genommen. Für Gustav war es ein Riesenvergnügen, am frühen Morgen ganz vorsichtig in die Mitte des Teichs zu waten. Sein Fell ist immer noch dicht genug, um ihn vor dem Auskühlen zu bewahren. Bis zum Bauchnabel im Wasser stehend, verharrte er gespannt und regungslos, packte sofort beherzt zu, wenn ein Fisch angebissen hatte. So blieb Claus die Mühe erspart, das zappelnde Tier aus dem Wasser kurbeln zu müssen.
Sie waren ein gutes Team, Claus und Gustav, bis im letzten Sommer ein neuer Lehrerkollege seine Bioköder neben Claus auswarf, in die morgendliche Stille hinein auf ihn einschwatzte und dabei immer wieder auf Gustav zeigte. Was genau der Neuling

Claus eintrichterte, konnte er nicht verstehen, denn die beiden verstummten, wenn Gustav einen Fang ans Ufer brachte. Was immer es gewesen sein mochte, Claus hörte es sich einige Zeit an, dann nahm er Gustav von einem Tag auf den anderen nicht mehr zum Angeln mit.

Wenn Gustav es recht bedenkt, dann gibt sich selbst Karin nicht mehr so viel Mühe mit ihm. Vor ein paar Monaten hat sie aufgehört, sein Futter auf den Küchenschrank zu stellen. Bis dahin hatte sie jeden Morgen, nachdem sie das Morgenmüsli und den Schulsalat für Claus, die Kinder und sich selbst gerichtet hatte, die große Leiter hervorgeholt und erklommen, um ihm seine Morgenration Grünes mundgerecht zu servieren. Und was ihm noch wichtiger war: Meist nahm sie sich die Zeit, ihn für eine Weile hinter dem Ohr zu kraulen.

Es muss etwa ein Jahr her sein, dass Karin anfing, sich beim Leiterklettern mit gespreizten Fingern in die untere Rückenpartie zu greifen. Sie verzog dabei das Gesicht, so wie es die Menschen in einem der Bilderbücher aus der obersten Bücherregalreihe tun, die ihre Unterleiber aneinanderpressen und dabei wenig vergnügt dreinschauen. Karin setzte diese Leidensmiene zuerst sporadisch auf, dann immer häufiger, zuletzt täglich. Schließlich blieb die Leiter in der Besenkammer, und Gustav muss sich neuerdings seinen Futtereimer von der Küchenfensterbank hochholen. Immerhin achtet Karin nach wie vor darauf, ihm ein ausgewogenes Vielerlei an frischem Grün-

zeug vorzusetzen. Dabei ist Gustav kein Feinschmecker, es geht ihm gut, wenn er ausreichend Heu hat, frisch gerupften Löwenzahn, wenn die Jahreszeit ihn hergibt, und hin und wieder eine Zuckerrübe.
Trotzdem, das morgendliche Ohrenkraulen fehlt ihm, auch wenn Karin selten vergisst, vor dem Schlafengehen noch einmal in seine Kammer zu kommen und ihm seine abendliche Streicheleinheit zuteil werden zu lassen.
Das Klingeln des Telefons schreckt Gustav aus seinen trüben Gedanken. Er muss jetzt schnell reagieren, Karin wird gleich aus dem Arbeitszimmer herüberkommen. Sie darf auf keinen Fall merken, dass er die markierte Anzeige gesehen hat. Gustav hat es stets vermieden, sich in Gegenwart der Kleinerts mit Druckwerk zu beschäftigen. Sie würden also Verdacht schöpfen, und dies wäre jetzt wohl der schlechteste Zeitpunkt, um preiszugeben, dass er jedes ihrer Worte versteht und obendrein auch noch lesen kann. Sicher hat er bessere Chancen, ihre Pläne zu durchkreuzen, wenn sie ihn weiterhin für ahnungslos halten.
Wohin mit der Zeitung? Zurück auf den Wohnzimmertisch kann er sie nicht mehr legen, denn schnelles Bücken fällt ihm schon länger schwer. Also stopft er sie hinter die oberste Reihe des Bücherregals.
Schon ist Karin im Wohnzimmer und am Telefon: »Jutta, Hallooo... nee, du störst nicht. Hab gerade Klausuren korrigiert... kein Englisch... ja, Geschichte. Imperialismus, Kolonialismus, die ganze Chose...

naja, sooo langweilig ist das nicht. Wir haben da in der Klasse zwei dunkelhäutige...wie? Ja,genau, Migrationshintergründle.... Nein, hör zu: Der eine ist ganz normal, der schreibt von Rassismus und Ausbeutung, was halt so im Lehrplan steht... richtig, das schrieben alle anderen auch. Aber der andere, der schreibt mir da hin: ‚Gut, dass Kaiser Wilhelm auch einen Platz an der Sonne haben wollte, sonst müsste ich mich mit Hunger, Seuchen und Bürgerkrieg rumschlagen .... Quatsch, nicht wörtlich, bloß sinngemäß. Der formuliert viel eleganter... Wo hab ich bloß meinen Tabak gelassen... Nee, ich glaub nicht, dass der provozieren will, der ist in der Jungen Union. Jedenfalls habe ich keine Ahnung, wie ich das benoten soll.«

Gustav ist heilfroh, dass Karin nun beginnt, ihre Rauchutensilien aus den Verstecken zusammenzusuchen, die über die ganze Wohnung verstreut sind. Glücklicherweise hat sie das Verschwinden der Zeitung nicht bemerkt.

Sobald Karin das Wohnzimmer verlassen hat, greift Gustav hinter die oberste Bücherreihe. Das Regal ist für den Zugriff seiner Pranken nicht besonders geeignet, deshalb muss er trotz aller Eile vorsichtig zu Werke gehen. Er holt die Zeitung hervor, streicht sie glatt und legt sie auf den Wohnzimmertisch. Zurück am Regal, rückt er die verschobene Buchreihe wieder zurecht.

Karin und Claus haben keine Ahnung, dass Gustav ihr Bücherregal besser kennt als sie selbst. Er hat es gründlich durchgelesen, ausnahmslos jeden Band, nicht wenige sogar mehrfach. Von oben bis unten hat er sich durchgearbeitet, Vormittag für Vormittag, wenn die Kleinerts in ihren Schulen waren.

Mit den oberen Regalreihen, an die Karin und Claus ohne Leiter gar nicht rankommen, hat Gustav angefangen, weil die für ihn am bequemsten zu erreichen sind. Allerdings machten diese Bücher ihm Angst. In den annähernd hundert Jahren in menschlicher Obhut hat er allerhand erlebt, aber diese Geschichten von Mord und Totschlag, von Betrug, Intrige und Habgier sorgten anfangs dafür, dass er sich nicht mehr vor die Wohnungstür traute und sogar die geliebten Sonntagsausflüge mit den Kleinerts verweigerte. Je weiter er sich dann aber Richtung Parkett voranlas, desto harmloser wurden die Geschichten. Die Menschen gingen behutsamer miteinander um, waren heiter und sogar befreundet, liebten sich manches Mal und machten erfreuliche Dinge wie Erfindungen, Revolutionen und Kinder.

Ganz unten im Regal stieß er auf fünfundzwanzig zusammengehörige Bücher, in denen die Menschen offenbar all ihr Wissen alphabetisch geordnet zusammengefasst haben. Und fast am Ende des allerletzten Bandes fand Gustav einen Eintrag über sich und Seinesgleichen.

Zwergriesen, so heißt es dort, seien erst 1912 auf einer selten betretenen, weil permanent sturmumtosten Insel am westlichen Ausgang der Magellanstraße entdeckt worden. Es handele sich um bis zu vier Meter große Pflanzenfresser mit menschenähnlichem Körperbau, die keinem der bisher bekannten Zweige der Evolution zugeordnet werden konnten. Eine gewisse Grundintelligenz und Gelehrigkeit habe bewiesen werden können, jedoch seien alle Versuche, die Zwergriesen mit der menschlichen Sprache vertraut zu machen, fehlgeschlagen.

Von wegen, denkt Gustav jedes Mal, wenn er diesen Eintrag liest. Jetzt hat er andere Sorgen. Was die Kleinerts mit ihm vorhaben, stammt nicht aus der harmlosen unteren Hälfte des Bücherregals, sondern aus den beängstigenden Regalreihen ganz oben. Auf dem Wohnzimmertisch liegt der Beweis, dass sie ihn ausgerechnet auf einem Flohmarkt verkaufen wollen. Bisher dachte Gustav, auf Flohmärkten kauften und verkauften Menschen allerlei sinnlosen alten Krimskrams. Claus nämlich kommt des Öfteren mit leuchtenden Augen heim, präsentiert kleine Stehrumchens, bezeichnet sie ausnahmslos als einmaligesSchnäppchen, woraufhin Karin und die Kinder jedes Mal die Augen verdrehen.
Und nun soll er, Gustav, als Schnäppchen angeboten werden! Er möchte mit den Fäusten die Stuckverzierungen von der Decke trommeln, doch er beherrscht sich. Es wäre ihm nämlich mehr als unlieb, wenn er dabei aus dem gegenüberliegenden Altbau beobachtet werden würde. Er hat nämlich entdeckt, dass dort, ebenfalls im dritten Stock, seit einigen Wochen eine Artgenossin wohnt.

Plötzlich stand sie da am Fenster und schaute neugierig herüber. Gustav erschrak erst einmal heftig, machte einen großen Satz in die hinterste Ecke des Wohnzimmers, wobei er sich kräftig den Kopf an der Decke stieß. Als der Schmerz nachließ, war sie wieder verschwunden.
Inzwischen taucht die Artgenossin regelmäßig an jenem Fenster auf. Gustav beobachtet sie aus den Augenwinkeln, während er seine Hausarbeiten erledigt. Sie muss jünger sein als er, sogar über die Straße hinweg kann er erkennen, wie ihr Fell glänzt. Ob sie sich überhaupt für einen älteren, langsam graufellig werdenden Zwergriesen interessiert? Wenn sie doch wenigstens mal herüberwinken würde! Er selbst traut sich nicht. Nun hat Gustav Angst, sie könne ihn beim Deckentrommeln beobachten. Außerdem kann Karin auf ihrer Tabaksuche jeden Moment ins Wohnzimmer zurückkehren. Auf keinen Fall will er den Kleinerts durch unbeherrschtes Benehmen einen Vorwand liefern, ihn loszuwerden. Er lässt die geballten Fäuste sinken.
Dummerweise hört er Karin immer sehr spät näherkommen, obwohl sie alles andere als leise spricht. Gustavs Gehör hat in den vielen Jahren beim Brückenbau stark gelitten. Auch jetzt bemerkt er sie erst im letzten Moment, aber gerade noch rechtzeitig, um sich den Staubwedel zu greifen.

»Eben, so geht es nicht weiter, beim besten Willen nicht. Du weißt ja, ich war damals dagegen, ihn anzuschaffen. Sollte ja auch nur vorübergehend sein... Nein, das war ganz anders, es fing damit an, dass die Kinder so einen wie Gustav im Fernsehen gesehen haben... genau, so eine saudämliche Lach- und Sachgeschichte! Meinst du, ich finde diesen blöden Tabak?«

Karin hebt die Zeitung mit dem verflixten Inserat hoch. Wäre sie nicht Mittäterin dieses abscheulichen Komplotts, Gustav hätte aus Mitleid Claus' Tabak hinter der untersten Bücherreihe hervorgeholt und unter die Zeitung gelegt, noch bevor sie wieder hereingekommen wäre. Und nachher dann Karins geheimen Vorrat aus dem Wäschekorb ins Bücherregal befördert, damit Claus später nicht leer ausginge. Das alles lässt er jetzt schön bleiben. Soll Karin ruhig suchen!

»Jedenfalls sind wir damals umgezogen und, stell dir vor, dieser Möbelspediteur beschäftigt so ein Vieh. Der hat draußen vor dem Fenster gestanden und die schweren Sachen aus dem zweiten Stock annehmen müssen. Der Typ hat den so schlecht behandelt, dass Claus ihm den Gustav spontan abgekauft hat. Du weißt ja, wie furchtbar gutmütig er ist... Ja, Gustav auch, aber ich meine jetzt Claus... Ich habe damals meinen Segen gegeben, weil es nur vorübergehend sein sollte, ein paar Monate, oder so. Schließlich sollen diese Gustavs über 200 Jahre alt werden… Nee, so genau weiß das niemand. Warte mal, ja, dreizehn

Jahre ist er jetzt bei uns. Klar, ich habe mich an ihn gewöhnt im Laufe der Zeit... Naja, nun müssen wir uns überlegen, wie wir es ihm beibringen. Wenn er uns verstehen würde, dann könnten wir es ihm in Ruhe erklären, aber so… wird es halt ein Schock für ihn sein. Er ist doch so ein Gewohnheitstier.«

Karin zwinkert dem staubwedelnden Gustav zu, dann macht sie kehrt, um ihre Suche anderswo fortzusetzen.
Ganz zu Anfang, als die Kleinerts ihn aus der Stellung beim jähzornigen Spediteur Hackenschlag herausgekauft hatten, da war Gustav aus lauter Dankbarkeit drauf und dran gewesen, sein Schweigegelübde zu brechen. Allerdings wurde in seinem neuen Zuhause so viel aufeinander ein- und durcheinander geredet, dass Gustav beim besten Willen nicht zu Wort kam.
So war er unter einem Dach mit Karin, Claus und den Kindern erstmal sprachlos glücklich – und beschloss nach einiger Zeit, es zu bleiben. Zu groß war seine Angst, in die Familienzänkereien hineingezogen zu werden, in denen ständig zwei Streithähne ein drittes, gerade friedliches Familienmitglied zum Schiedsrichter beriefen. Diese Streits waren laut, aber harmlos und immer schnell wieder vergessen, doch der harmoniebedürftige Gustav ging gerne jeglichem Unfrieden aus dem Weg.
Keine Frage, er hatte es gut bei den Kleinerts. Sie gaben sich von vornherein viel Mühe, es Gustav in seiner Abstellkammer so bequem wie möglich zu

machen. Karin nähte zwei Matratzen von doppelter Menschenbreite an der Schmalseite zusammen. Und Claus zimmerte ihm in den Sommerferien aus lauter Holzbalken, die größer waren als er selbst, einen Stuhl. Der geriet trotzdem ein bisschen klein und obendrein reichlich wacklig, aber um Claus, der sich beim Heimwerken beide Daumen verstaucht und eine Rippe gebrochen hatte, eine Freude zu machen, nimmt Gustav immer noch ab und zu mit großer Vorsicht darauf Platz.

Natürlich bekam Gustav auch Pflichten im Haushalt der Kleinerts zugeteilt, aber die erfüllte er mit Vergnügen. Das Kinderturnen bereitete ihm mindestens ebenso viel Spaß wie den Kindern selbst, und die ihm auferlegte Putzarbeit oberhalb der Zwei Meter-Grenze war ein Zuckerrübenschlecken gegen die vielen Umzüge unter der Fuchtel Hackenschlags. Ganz zu schweigen von der Trümmerräumerei nach dem Krieg und der folgenden Zeit beim Brückenbau.

Nach wie vor erledigt Gustav alle Hausaufgaben gewissenhaft. Selbst nach kurzen Sprühregenschauern putzt er seine Hälfte der Fenster, die obere nämlich, während sich weiter unten oft das Wetter des letzten halben Jahres ablesen lässt. Außerdem ist unter den Staubkörnchen in der Kleinertschen Wohnung längst bekannt, dass es in Gustavs Zuständigkeitsbereich keine Dauerruheplätze gibt, an denen man sich zu Flocken zusammenkuscheln könnte.

Schon gar nicht in den höheren Regionen des Bücherregals. Umso gemütlicher macht es sich der

Staub weiter unten. Dem ordnungsliebenden Gustav ist die Liederlichkeit der Kleinerts manches Mal ein Dorn im Auge, aber er hat ihnen bis vor wenigen Minuten immer zugestanden, die regelmäßige Lektüre der gutmütigen Bücher aus den unteren Regalreihen nicht nötig zu haben – schienen sie doch die ersten durch und durch harmlosen Menschen zu sein, in deren Obhut Gustav sich befand.

Schon bei seiner ersten Begegnung mit Abgesandten der Menschheit hatte Gustav erleben müssen, dass diese Spezies alles andere als gutmütig sein konnte. Er kann sich noch gut an jene Flaute vor hundert Jahren erinnern. Seine Familie und auch er selbst waren den kleinwüchsigen Eindringlingen mit freundlicher Neugier begegnet und völlig überrascht gewesen, als sie ihn und seinen Bruder Fritze mit riesigen Netzen einfingen und mit Dutzenden von Artgenossen auf ein Meeresgefährt verfrachteten, wie Gustav es noch nie gesehen hatte.

Nach einer langen Seereise wurden die beiden in ein Land gebracht, in dem die eine Hälfte der Menschen rechteckige Formationen bildete, die über lange, schnurgerade Wege schritten und dabei die Beine abwechselnd hoch in die Luft schleuderten. Die andere Hälfte der Menschen sah ihnen dabei vom Wegesrand oder von den Ausgucken ihrer Behausungen aus zu und warf vor Begeisterung die Kopfbedeckungen in die Höhe.

Gustav beobachtete diese merkwürdigen Gewohnheiten durch das Fenster eines Saales, der so hoch

war, dass selbst Fritze und er darin aufrecht stehen konnten. Dorthin wurden die beiden anfangs täglich gebracht.
Eine Gruppe älterer Männer in weißen Kitteln nahm Gustav und Fritze, die damals noch gar keine Menschennamen hatten, in Augenschein. Die Weißkittel kletterten auf Leitern, um ihnen in die Augen und Ohren schauen zu können, tasteten, klopften, kratzten an jedem Körperteil herum. Zwischendurch steckten sie die Köpfe zusammen, beratschlagten, bevor sie die kleinen runden Gläser vor ihren Augen zurechtrückten, die Hände auf den Rücken legten und mit vorgebeugten Oberkörpern ihre Begutachtungen fortsetzten.
Einmal riss ihnen einer der Weißkittel sogar ein bisschen Fell aus, woraufhin der aufbrausende Fritze den Übeltäter an seinem langen, weißen Kinnbart packte, in die Luft hob und baumeln ließ. Die übrigen Weißkittel riefen ein Dutzend Graukittel zu Hilfe, die mit Fritze um den jammernden Fellausreißer etwas veranstalteten, was Gustav später auf Jahrmärkten als Tauziehen kennenlernen sollte. Am Ende lag Fritze auf Menschengröße zusammengeschnürt in einer Ecke des Saales, der Weißkittel hielt sich mit einer Hand das Kinn, mit der anderen wieder und wieder das ausgerissene Bartstück vor Augen, während die Graukittel gar nicht aufhörten, sich gegenseitig auf die Schultern zu klopfen.
Manchmal wurden Gustav und Fritze in einen Raum mit steil aufragenden Sitzreihen geführt, wo ein ein-

zelner Weißkittel mit einem Stock auf sie zeigte und dabei zu jungen Menschen sprach, die aufmerksam zuhörten. Anfangs erschreckte sich Gustav, wenn die jungen Menschen plötzlich mit viel kleineren Stöcken auf die Holzbänke klopften, auf denen sie vorher fleißig herumgeritzt hatten. Schnell jedoch begriff er, dass die Klopferei anzeigte, die Vorführung sei beendet.

Die Besuche der Weißkittel wurden im Laufe der Zeit weniger. Geschaut, befühlt und gemessen hatten sie anscheinend genug. Eines Tages stellte sich ein noch nicht ganz Ergrauter aus ihrer Mitte vor Gustav und Fritze hin, sprach sehr laut und sehr gedehnt zu den beiden, um sie dann mit erwartungsvollem Gesicht anzuschauen. Heute glaubt Gustav zu wissen, dass er bloß das Gesagte hätte nachsprechen sollen, damals aber dachte er, man erwarte von ihm, den Gesichtsausdruck des Weißkittels nachzuahmen. Er schaute ihn deshalb mit großen Augen und erwartungsvollem Nicken an, zuckte mit den Achseln, als dieser es tat, schüttelte den Kopf, als die Mehrheit der Weißkittel es vorzumachen schien, und zauste sich durchs Kopffell, als ein beleibter Begutachter in Weiß sich das Haar raufte.

Von da an hörten die Besuche der Weißkittel ganz auf. Statt ihrer erschien ein kleiner Mann, der ebenso breit wie hoch war, einen schwarzen Anzug trug, dazu einen seltsam gewölbten Hut. Viel mehr war von ihm nicht zu sehen, denn aus seinem rechten Mundwinkel qualmte es so stark, dass ihn eine dich-

te Rauchwolke umgab. Er gestikulierte kurze Zeit mit einem der Graukittel, holte schließlich aus seiner Jackentasche einige Blätter bedruckten Papiers und überreichte sie dem Helfershelfer der Weißkittel. Anschließend tauschten die beiden einen so heftigen Handschlag, dass Gustav allein vom Zusehen die Schultergelenke schmerzten. Er zögerte deshalb, als der qualmende Mann aus den Rauchschwaden heraus die Hand zu Fritze und ihm emporstreckte und dabei etwas sagte, was Gustav damals noch nicht verstehen konnte, später aber noch oft hörte:
»Meister Pappkrohn. Anjenehm.«
Nach dem Händedruck zeigte Meister Pappkrohn erst mit dem längsten seiner kurzen Finger auf ihn, sagte sehr langsam und ganz freundlich: »Gustav!«, dann auf seinen Bruder und verkündete: »Fritze!«. Das wiederholte er in der ersten Zeit mehrmals täglich, bis die beiden begriffen, dass sie nun menschliche Namen hatten.
Gustav fährt zusammen, allerdings nicht ob der Erinnerung an Meister Pappkrohns Taufe, sondern weil Karin erneut ihr Findeglück im Wohnzimmer sucht.

»Ach, komm, ist das wirklich so albern? Claus ist einfach so eisern, da mag ich ihn nicht hängen lassen ... Ja, wir sind erwachsene Menschen, ich weiß... Lass mich mal rechnen... vor dreißig Jahren habe ich zuletzt heimlich geraucht... ach du scheiße, nee, vor fünfunddreißig Jahren. Wo waren wir stehengeblieben Genau. Nein, völlig falsch. Das ist nicht das Problem. Gustav ist vollkommen pflegeleicht. Das bisschen Grünzeug habe ich immer im Haushalt, und wenn Du ihm ein oder zwei Zuckerrüben gibst, dann schielt er ganz glücklich und ist der zufriedenste ... ja, was eigentlich? Quatsch, kein Haustier ... eben Zwergriese ... jedenfalls der Welt. Er ist stubenrein, haart nicht mal… Nee, der wechselt das Fell nicht, weil auf seiner Insel das ganze Jahr Aprilwetter ist... ja, scheußlich, nicht?.... Doch, nein, ich glaube er fühlt sich ganz wohl bei uns ... Na klar, ganz sicher bin ich mir nicht, er ist ja kein Hund, der mit dem Schwanz wedelt.... Was?... Nein, nein, Claus hat recht, wir halten ihn einfach nicht artgerecht, da muss sich was ändern. Mal ganz einfach abgesehen davon, dass er sich offensichtlich langweilt, seit die Kinder nicht mehr auf ihm rumturnen. Deshalb ist es das Beste, wenn wir ihm... Ich habs! Neulich habe ich ein paar Achtklässlern eine ganze Schachtel abgenommen, die müsste ich im Kleiderschrank unter meiner Unterwäsche gebunkert haben.«

Karin nimmt schnurstracks Kurs aufs Schlafzimmer. Gustav unterbricht das eben eilends wieder aufgenommene Alibiwedeln.
Meister Pappkrohn hatte nie Schwierigkeiten mit dem Tabakwarennachschub. Ihm schienen die Zigarren im Mundwinkel nachzuwachsen. Der stetig qualmende neue Besitzer von Gustav und Fritze war Anführer einer kleinen Schar von Menschen, die von Stadt zu Stadt über die Jahrmärkte zog, um sich

gegen bare Münze bestaunen zu lassen. Zu dieser Schar gehörten neben Gustav und Fritze eine Frau mit drei Nasenlöchern, ein alter Mann, der sich mit seiner langen Zunge die Nackenwirbel lecken konnte, eine kraftstrotzende Ehefrau, die ihren zierlichen Gatten mit nur zwei Fingern in die Luft hob, und drei schweigsame Brüder, die akrobatisch turnen konnten, aber selbst für Menschenverhältnisse sehr klein waren, so klein, dass sie auch dann nicht an Gustavs Bauchnabel heranragten, wenn sie sich – was gar nicht selten vorkam – übereinander stellten, einer auf die Schulter des anderen.
Für Gustav sahen die Menschen damals immer noch allesamt gleichermaßen staunenswert aus, er fand seine neuen Mitstreiter keinesfalls seltsamer als jene, die mit den Fingern auf sie zeigten und dabei nicht selten wie von allen guten Geistern verlassen quietschten und schrien. So dachte Gustav anfangs, Pappkrohn hätte ruhig auch einen der Weißkittel mit auf Tournee nehmen sollen, denn denen sprossen die Haare in ganz merkwürdigen Formen aus der unteren Gesichtshälfte. Spätestens nach dem dritten Jahrmarkt bemerkte Gustav allerdings, dass die männlichen Besucher genauso aussahen, und irgendwann, als er sich mit den Menschen schon ein bisschen auskannte, begriff er auch, dass die Männer ihren Gesichtshaaren absichtlich diese seltsamen und eigentlich unpraktischen Formen verpassten und sogar noch stolz darauf waren.

In Meister Pappkrohns Schar ging es friedlich zu, es gab ein Gemeinschaftsgefühl der Begafften, das Menschen und Zwergriesen gleichermaßen wärmte. Und was den Weißkitteln nicht glückte, gelang ganz nebenbei den drei wortkargen, kleinwüchsigen Brüdern: Von ihnen lernte Gustav die menschliche Sprache verstehen. Schweigsam waren die drei nämlich nur in Gegenwart anderer Menschen. Waren sie unter sich, oder nur in Gesellschaft der Zwergriesen, dann redeten sie sehr viel und vor allem sehr bedächtig. Meistens sogar so langsam, dass Gustav im Laufe der Zeit lernte, die gedehnten Laute voneinander zu unterscheiden und ihnen nach und nach sogar eine Bedeutung zuordnen konnte. Ganz allmählich gelang es ihm dann auch, die Gespräche der anderen Scharmitglieder zu enträtseln, schließlich sogar die des schnellsprechenden Meister Pappkrohn.
Bis Gustav die Menschen ganz verstehen konnte, vergingen Jahre, in denen er sich auch daran gewöhnte, dass sie die Zeit nach den Wetterverhältnissen berechneten. Wenn es etwa besonders kalt wurde, warNeujahr, wie sie es nannten. Auf Gustavs Insel regnete und stürmte es zwar fast immer, aber es gab regelmäßige, wenn auch rare Phasen, in denen der Sturm abflaute, der Himmel aufriss. Die Zwergriesen rechneten ihre Zeit deshalb in Flauten um. Als die Menschen Gustav einfingen, feierte er gerade seine fünfte Flaute. Wenn ihn sein Zeitgefühl nicht trog, dann wurde es im Land der Pappkrohns, Hackenschlags und Kleinerts viel öfter sehr kalt, als auf sei-

ner Heimatinsel windstill. Auf drei Neujahre mochte eine Flaute kommen, schätzte Gustav.
Von Neujahr zu Neujahr wurden die Städte kleiner und kleiner, in denen Meister Pappkrohns Schar gastierte. Schließlich mussten sie sich in Orten bestaunen lassen, in denen nur noch wenige Häuser beieinander standen, und in diesen Häusern wohnten mehr Tiere als Menschen. Hühner und Schweine konkurrierten mit ihnen tagsüber auf den tristen Jahrmärkten um die Aufmerksamkeit der Besucher, nachts stritt man sich mit Feder- und Borstenvieh um die trockenen Stellen im Stroh.
Meister Pappkrohn bekam tiefe Sorgenfalten auf der Stirn, weil immer weniger Menschen Eintritt bezahlen wollten, um gaffen zu können. Immer schmaler wurde er, bis er nicht mehr quadratisch war, sondern bloß noch hochkant rechteckig.
Auch Gustav wurde zusehends verdrossener, weil er des Begafftwerdens müde war. Nachts im Stroh träumte er davon, in einer der Zuckerfabriken arbeiten zu können, an denen sie in den mittelgroßen Städten vorbeigefahren waren. Dort konnten sie sicher bestens einen kräftigen Zwergriesen gebrauchen, der gleich mehrere Körbe prall gefüllt mit Zuckerrüben auf einmal stemmen konnte. Und vielleicht waren ja auch jene Fachkräfte Mangelware, die eine köstliche von einer minderwertigen Zuckerrübe unterscheiden konnten.
Indes, Gustav machte seine Träume nicht wahr, denn er mochte Fritze nicht allein lassen. Und den hätten

keine zehn Hagelstürme aus Meister Pappkrohns Schar fortzuspülen vermocht, denn Gustavs Bruder himmelte die Frau mit den drei Nasenlöchern an. Leider war seine Schwärmerei vergeblich, seine Erwählte trug ihr außergewöhnliches Näschen nicht hoch genug. Wäre sie nur ein klein wenig hochnäsig gewesen, dann hätte ihr aufwärts gerichteter Blick erfasst, dass ihr Verehrer ein durchaus ansehnlicher Zwergriese war. Stattdessen gab sie eines Tages dem Werben eines zwölffingrigen Bauernburschen nach, ging mit ihm ins Heu und damit Meister Pappkrohns Schar verloren.

Fritze war untröstlich. Eigentlich war er mit einem sonnigen Gemüt gesegnet, nun wurde er regelrecht melancholisch. Gustav tat sein Bestes, um den Bruder aufzuheitern Er überließ ihm seine Portion Zuckerrüben, spielte mit ihm seine Lieblingsspiele, Baumstammweitwurf und Telegraphenleitungshochsprung, und verlor dabei absichtlich ein ums andere Mal.

Dabei war Gustav selbst in dieser Zeit kein Ausbund an Fröhlichkeit. Seine Abneigung gegen alles, was die Menschen Markt nannten, wuchs, jene Orte, an denen sie zusammenkamen, um zu feilschen, zu schachern, zu palavern, zu lärmen, zu völlen, zu saufen, zu prügeln und natürlich ungehemmt zu glotzen. Das Fell sträubt sich ihm noch heute, wenn er an die gaffenden Menschen denkt. Wie gern hätte er ihnen damals einen Spiegel vorgehalten, um ihnen einen richtigen Grund zu geben, die Mäuler sperr-

angelweit aufzureißen. Nun soll er wieder auf einem Markt feilgeboten werden, ausgerechnet von den Kleinerts, bei denen er gern sein Gnadenzuckerrübenbrot verzehrt hätte. Gustav mag es nicht glauben. Sollte ihn seine Menschenkenntnis derart im Stich gelassen haben?
Zweimal hat er das rot eingekreiste Zeitungsinserat bereits mit aller Sorgfalt gelesen und zweifellos alles verstanden, was dort gedruckt steht. Trotzdem greift er sich jetzt ein drittes Mal die Zeitung und liest:

»Riesen-Flohmarkt! Samstag 9-17 Uhr, Großparkplatz Gewerbegebiet Ost«

Was kann man da missverstehen? Gustav hat hundert Jahre unter Menschen verbracht, umgerechnet sage und schreibe dreiunddreißig Flauten. Er versteht ihre Sprache, hat beobachtet, wie sie sich verhalten, kennt die Geschichten, die sie in Büchern festhalten. Zugegebenermaßen denkt er inzwischen sogar oft in ihren Begriffen. Auf jeden Fall können sie ihm nichts mehr vormachen! Oder etwa doch?
Die Schlafzimmertür klappt. Gustav zuckt zusammen. Hastig faltet er die Zeitung so klein, dass er sie in seiner Hand verschwinden lassen kann. Groß genug dafür ist sie allemal, er könnte fünf Menschenhände gleichzeitig schütteln, wenn es notwendig wäre. Karin interessiert sich glücklicherweise immer noch nicht für die Zeitung. Sie ist unverändert auf Tabaksuche.

»Ja, das wüssten wir natürlich auch gern. Wir wissen ja nicht mal, wie alt er ist… Nee, nicht so richtig. Claus hat mal recherchiert, aber auch nicht viel rausgekriegt. Als man sie auf ihrer Insel entdeckt hat, waren sie eine Sensation, aber das Interesse hat sich wohl schnell gelegt. Ein paar sind in Zoos gelandet, andere hat man zu schweren Arbeiten eingespannt… Landwirtschaft, Schwerindustrie, so in die Richtung… Ja genau, weil die eben, naja … Riesenkräfte haben die, und sind genügsam…Wie?... Ja, nee, die Nazis haben probiert, so Kampfmaschinen aus denen zu machen, aber dazu waren sie wohl zu gutmütig und außerdem zu schreckhaft… Verfluchte Scheiße… Ja, ich such' immer noch… Ich und süchtig? Quatsch! Außerdem: Wer propagiert denn immer akzeptierende Sozialarbeit? Du oder ich? Dann fang gefälligst bei deiner besten Freundin an, liebe Jutta! Nein, da bist Du auf dem Holzweg… Ich will gar nicht rauchen, ich will nur wissen, wo der Tabak ist, falls ich irgendwann eine rauchen will… Was gibts da zu lachen?«

Karin steht eine Weile unschlüssig im Flur, verschwindet dann in der Küche.
Auch Gustav verharrt einen Moment. Eben hat er das erste Mal vernommen, dass sich die Kleinerts ernsthaft für seine Vergangenheit interessieren. Hätte er besser doch sein Dauerschweigen beenden sollen, um Karin, Claus und den Kindern die ganzen letzten hundert Jahre zu erzählen? Jetzt ist es zu spät. Gustav

will auf gar keinen Fall den Eindruck erwecken, er wolle sich das Bleiberecht erjammern.

Wer und was die Nazis waren, was sie angerichtet haben, das erfuhr Gustav erst aus manchen Büchern der oberen Reihen des Kleinertschen Bücherregals. Als er lange vorher mit ihnen zu tun bekommen hatte, waren sie für ihn einfach nur die Schwarzen Uniformen gewesen, die immer lauter und heftiger als nötig sprachen, selten lachten, und wenn doch, dann alle gleichzeitig in einem freudlosen Chor. Wenn sie nicht Kommandos schrien, dann klopften sie sich auch das kleinste Staubkorn aus dem Uniformrock. Oder sie strichen sich mit der flachen Hand den Scheitel glatt, wenn sie Mütze oder Helm abgesetzt hatten.

Eines Tages war ein grauer Lastkraftwagen mit einer scharfen Bremsung gerade noch außerhalb von Meister Pappkrohns Rauchwolke zum Stehen gekommen. Eine Handvoll Schwarzer Uniformen baute sich drohend vor ihm auf, der Anführer brüllte Abgehacktes, das Gustav fürchtete, ohne es verstehen zu können. Kein buntbedrucktes Papier wechselte den Besitzer, kein armwellenschlagendes Händeschütteln fand statt. Gustav und Fritze bekamen Gewehrläufe in die Kniekehlen gedrückt und wurden auf die Ladefläche des Lastkraftwagens bugsiert. Meister Pappkrohn schwieg und hüllte sich in mehr Rauch als jemals zuvor.

Im Lager der Schwarzen Uniformen trafen Gustav und Fritze auf ein gutes Dutzend anderer Zwergrie-

sen. Mit ihnen zusammen verrichteten sie das, was ihre neuen Eigentümer mit feierlich malmenden Backenknochen Dienstnannten. Morgens vor dem Hellwerden aufstehen, Fellpflege, etwas geschnittenes Gras zum Frühstück, dann raus in den angrenzenden Wald, schnell und immer schneller laufen, über den Boden kriechen, auf Bäume klettern und Ausschau halten, wieder runter auf die Erde, möglichst große Gesteinsbrocken möglichst weit fortschleudern, in einem Satz über kleinere Flüsse springen, durch tiefere Flüsse waten, manchmal so tiefe Flüsse, dass den Schwarzen Uniformen schon wenige Meter vom Ufer entfernt die Scheitel nass geworden wären, wenn sie sich hinein gewagt hätten.
Nachmittags übte die kleine Abteilung Zwergriesen stundenlang, in gleichlangen Schritten und einheitlich steifer Körperhaltung über den Lagerhof zu marschieren. Diese seltsame Art Gruppenfortbewegung kannte Gustav bereits vom Sehen, bloß waren hier keine Zuschauer zugegen, die ihre Hüte vor Begeisterung in die Luft warfen. Stattdessen eine kommandierende Schwarze Uniform, die mitsamt ihrer Kopfbedeckung in die Luft zu fliegen drohte, aus Zorn über die angeblich störrischen Zwergriesen.
Eines Tages erschien ein für Menschenverhältnisse ziemlich großer Mann, dessen Uniform Gustav noch ein bisschen schwarzer vorkam als jene, die er tagtäglich zu sehen bekam. Zur Begrüßung brüllte er noch ein bisschen lauter, als es sonst auf dem Lagerhof ohnehin schon üblich war, so dass Gustav

vor Schreck unaufgefordert in Pappkrohnscher Gut-Wetter-Manier zurückbrüllte: »Gustav. Anjenehm!« Die Tiefschwarze Uniform holte hörbar Luft, doch offenbar schaltete sich ein Gedanke vor den Brüllreflex. Er beriet sich mit den Normalschwarzen Uniformen hinter ihm, so leise, wie Gustav es ihnen niemals zugetraut hätte.

Es war den Schwarzen Uniformen offenbar neu, dass Zwergriesen Menschensprache sprechen konnten. Sie taten dies ohnehin kaum, und es in Gegenwart ihren neuen Herren tunlichst zu unterlassen, war unausgesprochenes Gesetz unter ihnen. In den folgenden Tagen gab es so wenig frisches Grünzeug und so viele Gleichschrittübungen, bis die Schwarzen Uniformen herausgefunden hatten, wer von den Zwergriesen sprechen konnte. Gustav hatte sich schon verraten, obwohl er tatsächlich große Mühe hatte, dem abgehackten Bellen, das ständig über den Lagerhof hallte, einen Sinn abzugewinnen.

Den sprechfähigen Zwergriesen erteilte nun die Leiseste der Schwarzen Uniformen Leseunterricht. Gustav lernte lesen – und konnte später in den oberen Regionen des Kleinertschen Bücherregals nachlesen, dass er und seine Artgenossen wohl sogar von Glück sagen konnten, von den neuen Herren in diesem Land als möglicherweise nützlich angesehen und nicht einfach umgebracht zu werden, wie sie es mit unzähligen anderen Außerdurchschnittlichen taten. So recht von Nutzen waren ihnen die meisten Zwergriesen am Ende nicht. Aber ausgerechnet der gutmütige Fritze gehörte zur Minderheit der Nützlichen. Gustavs Bruder war immer ein fröhliches, neugieriges Kerlchen gewesen, das sich gern bewegte und ungern tiefergehende Gedanken machte. Kein anderer Zwergriese rannte schneller, kletterte höher, sprang und warf weiter.

Fritze zählte zu den wenigen Zwergriesen, denen sich nicht das Fell sträubte, als die Schwarzen Uniformen ihnen befahlen, auf Radgestelle montierte Eisenrohre mit bloßer Armkraft ins Gelände zu ziehen. Und er war der einzige, der nicht die Beine unter die Arme nahm, als das Rohr mit einem fürchterlichen Knall Feuer spie und das ganze Gestell einen mächtigen Satz rückwärts machte. Zu Gustavs Leidwesen fand Fritze auch Vergnügen daran, kleine Metalleier hunderte Meter weit zu schleudern, wo sie mit Blitz und Donner auf dem Boden einschlugen und eine Rauchwolke erzeugten, die Meister Pappkrohn vor Neid hätte erblassen lassen.

So wurde Fritze der Liebling der Schwarzen Uniformen. Er wurde zu Gustavs Verdruss selbst zu einer solchen, denn sie steckten ihn in eine Spezialanfertigung, um ihn kurz darauf gemeinsam mit dem kleinen Häuflein der weniger schreckhaften Zwergriesen in einen Zug zu setzen.

»Ostfrrront!«, bellte die eigens zur Verabschiedung angereiste Tiefschwarze Uniform, ließ sich von zwei Normalschwarzen hochheben, um Fritze auf die Schulter klopfen zu können. Wieder am Boden, zeigte er auf die zurückbleibenden Zwergriesen und

keifte voller Verachtung etwas, was sich für Gustav wie Schwapptänze anhörte.
Später, als die Zwergriesen in die große Städte geschickt wurden, um lose herumstehende Wände, einsturzgefährdete Dächer und massenweise herumliegende Behausungsreste zu beseitigen, sprach Gustav immer wieder Menschen an, doch die zogen bloß den Kopf zwischen die Schultern und hasteten weiter, sobald sie das Wort Ostfront hörten. Spätestens da begriff Gustav, dass er Fritze nicht mehr wiedersehen würde.
Die Städte lagen in Schutt und Asche. Marschiert wurde nur noch in Gefangenschaft, und dabei sah niemand begeistert zu, wurde kein Hut in die Luft geworfen. Und auch Fenster, aus denen man hätte zuwinken können, gab es nicht mehr viele.
Damals hat Gustav beschlossen, mit keinem Menschen mehr zu sprechen. Soll er jetzt diesen Vorsatz aufgeben, um den Kleinerts gründlich seine Meinung über ihr hinterhältiges Vorhaben zu geigen? Zunächst muss er sich eingestehen, dass er nicht mal weiß, ob er sinnvolle und überhaupt hörbare Laute über die Lippen bringt. Er hat seine Stimme sehr lange nicht benutzt. Als er vor Zeiten vorsichtig zu sprechen begonnen hatte, beschied ihm Meister Pappkrohn, seine Stimme klinge wie eine verrostete Blechbüchse.
Bevor Gustav den Mund aufmachen und einen zögerlichen Versuch, seine Stimmbänder zu testen, unternehmen kann, steht Karin ohne vorheriges Türen-

klappen erneut im Wohnzimmer. Immerhin hat sie inzwischen einen Aschenbecher in der Hand.

»Na. Mensch, was denkst Du denn… Wir haben uns nächtelang den Kopf zerbrochen, ob das nicht eine Zumutung für unseren Gustav ist, was wir da vorhaben… Wie? Natürlich sage ich noch ‚unser Gustav'… Selbstverständlich auch für uns, wir haben uns ja auch dreizehn Jahre lang an dieses Leben mit ihm gewöhnt… Nee, ja, nee, wir machen uns auch Sorgen, dass das nach hinten losgehen könnte, gerade weil er so sensibel auf Neues reagiert. Andererseits muss sich was tun, gar keine Frage… Ja, eben, die Gelegenheit ist günstig, jetzt, wo sowieso Veränderungen anstehen, die Kinder aus dem Haus gehen. Ach, Jutta, wenn ich nur wüsste, wie wir's ihm schonend beibringen können!«

Karin klemmt bei den letzten Worten den Hörer zwischen Schulter und Ohr und tätschelt mit der freien Hand Gustavs Knie. Dann macht sie kehrt und steuert auf den einzigen Raum zu, den sie bisher noch nicht inspiziert hat, das Badezimmer.
Gustavs Knie war schon immer ein besonderer Anziehungspunkt für die Kleinerts. Die Kinder haben es als Steigbügel benutzt, die Eltern heulen sich bis heute mehr oder minder regelmäßig an ihm aus. Jeder für sich, heimlich, versteht sich. Elternabend nennt Gustav im Stillen diese Heimsuchungen seines Knies, denn anfangs kam immer dann ein Elternteil

zu ihm, wenn das andere gerade einen abendlichen Pflichttermin in der Schule zu absolvieren hatte.
Zu jener Zeit stritten sich Claus und Karin fast jeden Abend, und Gustav fürchtete, dass es dabei manchmal auch um ihn ging. Sie trugen ihren Streit nicht in seiner Gegenwart oder der der Kinder aus, aber sobald die Schlafzimmertür ins Schloss gefallen war, brach spätestens nach einer halben Stunde ein furchtbares Geschrei los. Schon nach kurzer Zeit mussten die beiden sich müde gestritten haben, denn dann war es auf einmal still – und blieb es meist bis zum Morgen. Nur manchmal folgte noch ein zweiter Streit, der etwas länger dauerte, sich aber weniger heftig anhörte. Die Auseinandersetzungen wurden im Laufe der Zeit weniger und hörten irgendwann ganz auf. Die heimlichen Knievisiten nahmen dafür deutlich zu.
Wenn Karin ihre Stirn an Gustavs Kniescheibe legt, dann erzählt sie als erstes von ihren Sorgen mit den Kindern. Harmlose Sorgen sind das immer gewesen, Kinderkrankheiten, vergiftete Spielplätze, missgünstige Mitschüler, mehr nicht. Ernsthaft Gedanken machte Karin sich erst später, als die beiden großen Kinder sich partout weigerten, über die Stränge zu schlagen. Sie kamen pünktlich nach Hause, ließen in der Schule nicht nach, schienen unempfänglich für alle Arten des Rausches. Regelrecht erleichtert erzählte Karin Gustav vor gar nicht langer Zeit, dass Saskia sie ausgelacht habe, als sie mit ihr ein vorsichtiges Gespräch über Verhütungsmittel führen wollte.

Hinterher sei sie in mehrerlei Hinsicht schlauer als zuvor gewesen, seufzte Karin.
Mit dem zweiten Glas Wein kommt Karin regelmäßig auf Claus zu sprechen. Der rede mit ihr kaum mehr, als für den Familienalltag unbedingt nötig sei. Und wenn doch, dann spreche er von Fischen, über deren Ableben und Zubereitung er begeisterte Monologe halte wie früher über die Ausbeutung der Kaffeebauern in Kolumbien. Seine vor Zorn über die Ungerechtigkeit in der Welt funkelnden Augen habe sie damals sexy gefunden. Heutzutage schauten dieselben Augen eine tote Makrele interessierter an als sie. Wahrscheinlich habe er sogar ihre Lieblingsfarbe vergessen.
Wenn sie am dritten Glas nippt, klagt Karin über Claus' pflichtschuldige und halbherzige Umarmungen. Sie spricht dann ganz gegen ihre Gewohnheit so leise, dass Gustav sich weit zu ihr herunterbeugen muss, um sie verstehen zu können. Eigentlich wäre das gar nicht nötig, denn er weiß ja, welches Thema zu welchem Pegelstand der Weinflasche gehört. Ist der knapp oberhalb des Flaschenbodens angekommen, rinnen zwei, drei kleine Tränen aus Karins Augenwinkeln. Gustav streichelt ihr dann über den Kopf, ganz vorsichtig, damit er ihr nicht versehentlich beide Ohren zuhält.
Claus pflegt zu seinen Knievisiten keinen Wein mitzubringen, sondern seinen Tabak und eine kleine Dose, in der sich etwas befindet, das wie ein kleiner Klumpen Erde aussieht. Während er aus zwei

Papierblättchen, reichlich Tabak und einigen Krümeln des Erdklumpens andächtig eine unförmige Zigarette bastelt, mault Claus über die Zustände an seiner Schule. Keineswegs über die Schüler, die jungen Kolleginnen und Kollegen, wie er sie nennt, bereiten ihm Verdruss. Er selbst habe als junger Lehrer noch mit offenem Visier gegen die autoritären alten Säcke gekämpft und den Konrektor seiner ersten Schule sogar so weit gebracht, dass er ihm bei einer Lehrerkonferenz seinen Schlüsselbund an den Kopf geworfen hatte. Der Lehrernachwuchs von heute dagegen begegne seinen Ratschlägen mit einer sanftmütigen Besserwisserei, die er zum Kotzen finde. Manchmal hätte er selber gern einen Bund mit mindestens zwanzig Schlüsseln zur Hand, sagt Claus, die Chipkarte fürs Lehrerzimmer tauge leider nicht als Wurfgeschoß.

Am Ende des Schullamentos hat Claus meist sein Zigarettenwerk vollendet und entzündet. Je länger er raucht, desto friedfertiger wird er. Seine Augen werden glasig, während er davon spricht, noch sooo viele Pläne und Ideen zu haben. Die Zunge wird ihm hörbar schwer und ist besonders widerspenstig, wenn sie ausdrücken soll, was er plant und welche Ideen er hat. Gustav versteht regelmäßig nicht viel mehr als »Schlussstrich« und »gaahanz von vorn anfangen«. Irgendwann lehnt Claus mit dem Ellenbogen an Gustavs Knie, ballt bloß noch die Faust vorm Gesicht, als wolle er sich seiner eigenen Tatkraft versichern, und Gustav weiß, dass die Euphorie gleich

in heulendes Elend umschlagen wird. Anders als Karin weint Claus nicht dezente Einzeltränen, sondern wahre Sturzbäche, obendrein lauthals und mit weit aufgerissenem Mund. Flennen hätten das die Schwarzen Uniformen genannt, denkt Gustav ein ums andere Mal, wenn es soweit ist, und weil er sich dafür schämt, streicht er auch Claus tröstend über den Kopf. Allerdings weniger vorsichtig als bei Karin. Da kann es schon mal vorkommen, dass er ihm versehentlich die Brille von der Nase reißt.
So unterschiedlich die Heulereien von Claus und Karin daherkommen, so enden sie doch mit demselben Stoßseufzer: »Ach, Gustav, wenn du mich nur verstehen könnest!«
Ernst gemeint ist das vermutlich nicht. Die beiden sind ganz froh, glaubt Gustav, jemanden zu haben, von dem sie meinen, er verstehe sie zwar nicht wortwörtlich, schenke ihnen aber wohltuende Aufmerksamkeit und könne vor allem keine Widerworte geben.
Wo werden sich Karin und Claus in Zukunft ausheulen? Das kann und muss Gustav egal sein. Was ihn jetzt interessiert, wohnt hinter dem gegenüberliegenden Fenster - und ist dort dummerweise im Moment nicht zu sehen. Sobald sich seine reizende Artgenossin wieder zeigt, wird Gustav allen Mut zusammennehmen und ihr zuwinken. Alles andere, so hofft Gustav inständig, wird sich irgendwie ergeben, denn Zwergriesen verstehen sich mit wenigen Blicken, wo Menschen viele Worte brauchen. Wenn es ihm

gelingt, die Kleinerts auszutricksen und ihrem üblen Plan zuvorzukommen, dann wird er sicher auch für sich und seine neue Gefährtin einen Weg zurück an die Magellanstraße finden!
Als könne sie Gedanken lesen und wolle seine Pläne durchkreuzen, kommt Karin in diesem Moment aus dem Badezimmer geschossen. Sicher tut sie nur so, als suche sie ihren Tabak.

»Das kann doch nicht wahr sein. Der kann sich doch nicht in Luft auslösen… Nein, Gustav ist da, der wedelt Staub, wie immer… Das könnte dir so passen, hahaha, putz mal schön selber! Was wolltest Du wissen? Ach so, ja, Lehmanns, die von Gegenüber, sagen, sie sei wohl ein bisschen schüchtern, aber anscheinend nicht ganz so schreckhaft wie unser Gustav. Sie haben sie von einem Getränkegroßmarkt, da musste sie gestapelte Bierkästen schleppen. Naja, Lehmanns brauchen den Platz, die wollen noch ein Kind aus Ruanda adoptieren…. Nee, stell dir vor, Claus hat das eingefädelt, da hat er tatsächlich mal den Hintern hochgekriegt… doch, wirklich! Wilhelmine heißt sie. Passt ganz gut zu Gustav, oder? Nee, das geht jetzt ziemlich holterdiepolter, deshalb ja meine Sorge, dass es ein bisschen plötzlich für Gustav kommt. Geht aber nicht anders. Saskia zieht am Wochenende aus, wir räumen ihr Zimmer leer… Genau, Claus will den ganzen Kinderkrams verkaufen. Ich hab da schon in der Zeitung einen Flohmarkt angestrichen… warte mal… Wo ist die denn jetzt?

In diesem Haushalt verschwindet aber auch alles… Na egal. Auf jeden Fall zieht Gustav in Saskias Zimmer, und Wihelmine kommt erstmal in seine alte Kammer. Schön wärs, wenn sie sich so gut verstehen würden, dass sie in einem Zimmer leben können, dann wäre in der Abstellkammer Platz für Claus' Angelzeugs… Was? Warum denn nicht? So kleine Zwergriesen sind sicher total niedlich… Wo habe ich bloß diesen bescheuerten Tabak?... Hey, Gustav, was willst du denn…was soll das?«

Gustav hat den Staubwedel einfach fallengelassen, nach Karins Hand gegriffen, und sie in seiner verschwinden lassen. Er zieht Karin zum Regal, bückt sich, ohne sie loszulassen, fischt hinter den Büchern mit den harmlosen Geschichten herum, hält ihr schließlich das Päckchen Tabak hin.
Und dann staunt er selbst, wie wenig seine Stimme nach rostiger Blechbüchse klingt, als er sagt:
»Ich hab dich lieb, Karin.»

17 Lesebühnengeschichten.
Auch als Hörbuch erhältlich.

144 Seiten, broschiert, 7 €

ISBN 978-3-9814278-9-9

27 Lesebühnengeschichten. Live.
Mit mp3-Bonus-CD

Gesamtspieldauer 300 Minuten, 10 €

ISBN 978-3-98176510-6

Rainer Bauck, Jahrgang 67, ist gelernter Verwaltungsfachangestellter, Philologe, Historiker und arbeitet deshalb als Plattenverkäufer – noch. Vor dem Aufstehen und in den Mittagspausen schreibt er mehr oder weniger komische Geschichten, die abends über die Stuttgarter Lesebühne *Get Shorties* gehen.

Foto: Konrad Lenz